Intangibles

統合報告における
インタンジブルズの
情報開示と情報利用

西原 利昭 ［著］
Toshiaki Nishihara

専修大学出版局

目　次

序章　本研究の目的とフレームワーク ……………………………… 1

　はじめに ………………………………………………………………… 1

　1　インタンジブルズと企業の価値創造 ……………………………… 2

　　1.1　価値創造源泉のインタンジブルズへの移行　3

　　1.2　インタンジブルズの特質　4

　　1.3　インタンジブルズの貨幣的測定の限界と情報開示に対する期待　5

　2　インタンジブルズのマネジメントの研究意義 …………………… 7

　　2.1　インタンジブルズのマネジメントの重要性　7

　　2.2　インタンジブルズのマネジメントの構築目的と研究意義　8

　3　インタンジブルズに対する会計のアプローチ …………………… 9

　　3.1　バランスト・スコアカード　9

　　3.2　インタンジブルズの測定・開示モデル　10

　　3.3　統合報告の経営管理への役立ち　12

　　4　本研究の目的とフレームワーク ………………………………… 13

第1章　インタンジブルズに関する会計の取り組み ……………… 17

　はじめに ……………………………………………………………… 17

　1.1　インタンジブルズの先行研究 …………………………………… 18

　　1.1.1　Edvinsson の考え方　19

　　1.1.2　Lev の考え方　21

　　1.1.3　Blair と Wallman の考え方　22

　　1.1.4　Kaplan と Norton の考え方　24

　　1.1.5　Ittner の考え方　25

　　1.1.6　インタンジブルズに対する考え方の整理　26

　1.2　インタンジブルズの戦略的マネジメント ……………………… 28

i

1.2.1　管理会計の研究対象としてのインタンジブルズ　28

1.2.2　バランスト・スコアカードによるインタンジブルズの戦略的
マネジメント　31

1.2.3　戦略の実行と循環型マネジメント・システムの構築　32

1.3　インタンジブルズの情報開示と経営管理への役立ち ……………… 34

1.3.1　知的資本報告書の経営管理ツールとしての活用　34

1.3.2　経営改革を意図した日本の知的資産経営　36

1.3.3　透明性を増した適正な経営管理を志向させる統合報告　37

1.4　情報開示の2つのアプローチと戦略策定への情報利用 …………… 39

1.4.1　持続可能性報告書の5つのタイプ　39

1.4.2　情報開示の2つのアプローチ　41

1.4.3　統合報告による戦略策定への情報利用　41

まとめ ……………………………………………………………………… 42

第2章　インタンジブルズに基づく価値創造プロセスの
フレームワーク ………………………………………………………… 45

はじめに ……………………………………………………………………… 45

2.1　バランスト・スコアカードの価値創造プロセス ………………… 46

2.1.1　バランスト・スコアカードの基本構造　47

2.1.2　戦略実行に有効なマネジメント・システム　48

2.1.3　戦略の可視化とインタンジブルズの位置づけ　50

2.1.4　価値創造プロセス　51

2.2　知的資本報告書およびガイドラインの価値創造プロセス ………… 54

2.2.1　スカンディア・ナビゲーターの価値創造プロセス　54

2.2.2　MERITUM ガイドラインの価値創造プロセス　58

2.2.3　PRISM プロジェクトの価値創造プロセス　63

2.2.4　デンマーク知的資本報告書ガイドラインの価値創造プロセス　66

2.2.5　知的資産経営の開示ガイドラインの価値創造プロセス　70

目　次

2.3　国際統合報告フレームワークの価値創造プロセス …………………… 72

2.3.1　国際統合報告フレームワークの特徴　72

2.3.2　価値創造に対する考え方　73

2.3.3　価値創造プロセス　75

2.4　各フレームワークの論点比較 …………………………………………… 77

まとめ …………………………………………………………………………… 81

第3章　統合報告におけるインタンジブルズと価値創造プロセスの可視化
―アウトサイドイン・アプローチの視点から― ………………… 83

はじめに ………………………………………………………………………… 83

3.1　国際統合報告フレームワークの基本概念とインタンジブルズの
　　情報開示 …………………………………………………………………… 85

3.1.1　インタンジブルズの情報開示に関する取り組み　85

3.1.2　国際統合報告フレームワークの基本概念　86

3.1.3　統合報告の経営管理への役立ち　88

3.2　日本企業の統合報告書の現状 …………………………………………… 89

3.2.1　国際統合報告フレームワークの基本概念に準拠した統合報告書　90

3.2.2　インタビュー調査の対象と調査項目　91

3.3　インタビュー調査結果 …………………………………………………… 92

3.3.1　3社の統合報告書の概要　92

3.3.2　三菱重工業『MHI REPORT 2014 三菱重工グループ統合
　　　　レポート』　92

3.3.3　ローソン『INTEGRATED REPORT 2014 ローソン統合
　　　　報告書』　95

3.3.4　野村総合研究所『統合レポート2014』　97

3.3.5　3社の統合報告書の特徴　100

3.4　国際統合報告フレームワークの基本概念に準拠した統合報告書
　　の意義 …………………………………………………………………… 101

iii

3.4.1　統合報告におけるインタンジブルズ可視化の現状　101

3.4.2　統合報告におけるインタンジブルズの可視化促進への提案　103

まとめ　………………………………………………………………　104

第4章　統合報告と付加価値会計情報
―インサイドアウト・アプローチの視点から―　………………　107

はじめに　……………………………………………………………　107

4.1　インサイドアウト・アプローチとしての付加価値会計情報の開示　…　109

4.1.1　付加価値概念と付加価値会計情報　109

4.1.2　付加価値の計算方法と付加価値計算書　110

4.1.3　付加価値計算書の特徴　110

4.1.4　インサイドアウト・アプローチとしての付加価値会計情報　111

4.2　統合報告と付加価値会計情報を巡る論点　……………………　114

4.2.1　統合報告に適した用具としての付加価値会計情報　115

4.2.2　サステナビリティからみた付加価値会計情報　119

4.2.3　アカウンタビリティからみた付加価値会計情報　122

4.2.4　付加価値会計情報とステークホルダー志向の経営　123

4.3　日本企業における付加価値会計情報の活用状況　……………　125

4.3.1　生産性分析の指標としての付加価値会計情報　125

4.3.2　アメーバ経営の経営管理指標としての付加価値会計情報　127

4.3.3　GRIガイドライン（G4）の経済性指標としての付加価値会計
情報　130

4.3.4　統合報告書で開示された付加価値会計情報　131

4.4　付加価値会計情報の統合報告への役立ちと限界　……………　133

4.4.1　付加価値会計情報の有用性と必要性　134

4.4.2　統合報告における付加価値会計情報の役立ちと限界　135

4.4.3　財務情報を補完する会計情報の1つとしての付加価値会計
情報　136

目　次

まとめ …………………………………………………………………………… 137

第5章　統合報告を通じた戦略策定への情報利用
—エーザイのステークホルダー・エンゲージメントをもとに— … 139

はじめに ………………………………………………………………………… 139

5.1　情報開示と情報利用 ……………………………………………………… 141

　5.1.1　情報開示の2つの目的　141

　5.1.2　統合報告のねらいとツイン・アプローチ　142

　5.1.3　情報利用を目的とした統合報告の管理会計的役立ち　144

5.2　ステークホルダー・エンゲージメントの情報利用への役立ち ……… 145

　5.2.1　ステークホルダーの関心事に対応した情報開示の必要性　146

　5.2.2　ステークホルダー・エンゲージメントを通じた情報利用　148

　5.2.3　内部経営管理者への統合報告の役立ち　150

5.3　エーザイ統合報告書の特徴 ……………………………………………… 151

　5.3.1　エーザイ統合報告書のコンテンツ　151

　5.3.2　価値創造プロセスの可視化　152

　5.3.3　CSRに基づいた経済価値の実現　154

　5.3.4　組織横断的チームによる統合報告書の作成　155

　5.3.5　エンゲージメント・アジェンダとしての情報開示　157

　5.3.6　経営幹部登用試験への統合報告書の活用　158

5.4　情報利用のためのエンゲージメント・アジェンダ ………………… 159

　5.4.1　ステークホルダー・エンゲージメントの2つの目的　159

　5.4.2　ステークホルダー・エンゲージメントを通じた戦略情報の共有　160

　5.4.3　情報利用を目的としたインタンジブルズの情報開示　162

　まとめ ……………………………………………………………………… 165

終章　統合報告におけるインタンジブルズの情報開示と戦略策定への
　　情報利用 ……………………………………………………………… 167

v

はじめに …………………………………………………………… 167

　1　本研究の意義 …………………………………………………… 167

　2　インタンジブルズに基づく価値創造プロセスのフレームワークの
　　　論点 ……………………………………………………………… 170

　3　統合報告におけるインタンジブルズの情報開示と可視化 ………… 173

　4　統合報告における付加価値会計情報の開示と限界 ………………… 175

　5　ステークホルダー・エンゲージメントを通じた戦略策定への
　　　情報利用 ………………………………………………………… 177

　6　結論 ……………………………………………………………… 179

参考文献 ……………………………………………………………… 183

付属資料1　日本企業の統合報告書一覧（2014年12月末現在）………… 195

付属資料2　日本企業の統合報告書一覧（2015年12月末現在）………… 200

索引 ……………………………………………………………………… 207

あとがき ……………………………………………………………… 211

序章　本研究の目的とフレームワーク

はじめに

　企業の価値創造の源泉は、今日、土地や工場、設備などの有形資産から知識資産や無形資産などと呼ばれるインタンジブルズに移行しつつある。しかし、インタンジブルズは、その用語のとおり形がなく見えないため、把握したり測定したりすることが難しい。しかも、インタンジブルズがどのようにして企業の価値創造に結びつくのかということも十分に解明されていない。企業は、戦略にしたがい、インタンジブルズと有形資産とを有機的に関連づけ、それをビジネス・プロセスの中に効果的に組み入れることによって、価値創造を行っているものと考えられる。こうした価値創造を支える基盤としてのインタンジブルズのウエイトが高まってきていることを踏まえると、企業は、インタンジブルズをどのように測定し管理して、価値創造のマネジメントを行っていくべきなのかという管理会計の課題が見えてくる。

　インタンジブルズを源泉とした価値創造のマネジメントについては、戦略の実行を支援する戦略的マネジメント・システムとしてバランスト・スコアカード（Balanced Scorecard：BSC）が注目される。バランスト・スコアカードの4つの視点のうち、その基盤となる学習と成長の視点（人的資産、情報資産、組織資産）がインタンジブルズだからである。また昨今は、財務情報と非財務情報を一元化して、価値創造について情報開示を行う統合報告書を公表する企業が増加している。統合報告書には、知的資本や人的資本、社会・関係資本と

いったインタンジブルズに関する情報が含まれている。統合報告は外部報告であり、その点からは財務会計の研究対象と思われるが、統合報告の経営管理に対する役立ちという観点に立つと、統合報告は管理会計にとっても重要な研究対象となる。

　本研究は、管理会計の立場から、統合報告におけるインタンジブルズの情報開示と戦略策定への情報利用について考察することによって、統合報告を活用したインタンジブルズに基づく企業の価値創造のあり方を明らかにしようとするものである。本章では、最初にインタンジブルズと企業の価値創造との関係についての論点を整理する。次いで、インタンジブルズを源泉とした価値創造のマネジメントの研究意義について述べる。続いて、インタンジブルズに対する会計の取り組みの現状を概説する。最後に、本研究の目的および方法、フレームワークを提示する。

1　インタンジブルズと企業の価値創造

　21世紀を目前に控えた1990年代は、情報や知識といった無形の資産に経営者の関心が集まった時代である。そこでは、「知識社会の到来」や「ナレッジ・マネジメントの時代」といった人間の知識と社会や経営のあり方を結びつけたフレーズが盛んに使われた。当時、高度情報化社会の急速な進展や経済のグローバル化の拡がりとともに、会計の分野では、会計ビッグバンによる時価評価会計やキャッシュフロー・マネジメントへの関心が高まり、情報や知識はキャッシュフローを生む根源的なものとみなされるようになった。企業は情報を積極的に活用して新たな知識を生み出し、それを様々なイノベーションにつなげていくことが求められ、そのことが企業経営の新しいコンセプトとなったのである。

　企業が生み出す知識は、目に見える有形資産の背後にあって、企業価値を何倍にも高めることができるインタンジブルズとして、無形資産、知的資本、知的資産などと呼ばれるようになった。さらに、こうしたインタンジブルズをい

かに認識・測定するかという財務会計のアプローチに加えて、インタンジブルズに基づく企業の価値創造のマネジメントをどのように行ったらよいかという管理会計のアプローチが開始された。

1.1 価値創造源泉のインタンジブルズへの移行

価値創造源泉のインタンジブルズへの移行について、伊藤・加賀谷（2001）は、価値創造を企業の本質的な役割の1つと位置づけ、財務データを用いて、1980年代と1990年代とで、わが国企業の価値創造がどのように変化しているかについて実証研究を行った。それによると、1980年代は、株式時価総額が増加した企業は全体の90％、営業利益が増加した企業は67％であり、企業価値（株主価値）を創造している企業の割合が非常に高かった（1983～85年度平均と1989～91年度平均との比較）。これに対し、1990年代は、株式時価総額が増加した企業は全体の15％、営業利益が増加した企業は38％に減少し、1980年代に遠く及ばない結果となった（1990～92年度平均と1997～99年度平均との比較）。1990年代におけるわが国企業の株式時価総額は、平均値でみると増加している。しかし、これは一部の優良企業が牽引しているにすぎず、日本企業の85％が1990年代初めの株式時価総額の水準を超えることができていない状況が明らかとなった。

この原因について、伊藤・加賀谷は、日本企業は1980年代には資本コストを意識することなく、土地や工場といった有形資産への投資を盛んに行っていたのに対し、1990年代に入ると、有利子負債や金融資産の削減に力を注ぐようになった点を挙げている。また、1980年代には市場シェアや売上高の拡大が主要な目標であったのに対し、1990年代後半には、ROA（資産利益率）やROE（株主資本利益率）といった資本効率を示す尺度が主要な経営目標の1つとなったことを指摘している。このように、平成不況といわれた1990年代の日本企業は、1980年代後半のバブル経済の後始末と、経済のグローバル化や高度情報化への対応に苦慮していたのである。

伊藤・加賀谷は、日本の企業が会計制度の改変や株式所有構造の変化、M&

Ａの活発化に代表されるグローバル資本主義経済の大きな潮流に対応できていなかったのではないかと考えた。そこで、一定の基準によって価値創造企業と非創造企業とに日本企業を区分けし、エンタプライズ・バリュー（株式時価総額＋有利子負債）の資産構成の比較を行った（1991 年度と 1999 年度の比較）。その結果、1991 年度は価値創造企業と非創造企業の間に大きな差は存在しなかった。しかし 1999 年度には、価値創造企業のエンタプライズ・バリューの 50％以上が無形資産で占められているのに対し、非創造企業の多くは営業資産や金融資産への依存から脱却できていないことが判明した。

　こうして、わが国企業においても、企業の価値創造の源泉が有形資産からインタンジブルズへと移行しつつあることが実証されたのである。ただし、伊藤・加賀谷の研究は、企業価値を株主価値として捉えたものである。企業価値について財務情報を用いて分析しようとする場合は、企業価値＝株主価値という理解にならざるをえないことはわかる。また、企業価値というと、株主価値を意味するのが一般的である。しかし、統合報告は、短、中、長期の価値創造において、とくに長期にわたり企業がどのような価値をするかを説明するものである。このように長期的な視点に立った場合、企業価値は、株主を含む全ステークホルダーにとっての経済価値、地域社会への貢献や環境問題への対応などの社会価値、組織風土や経営者のリーダーシップ、従業員の高いモチベーション、チームワーク、企業倫理などの組織価値を含む総合的な企業価値として捉えることが必要である。これらは、主として非財務情報によって表される企業価値である。本研究は、企業価値を株主価値に限定せずに、経済価値、社会価値、組織価値を包含した総合的な企業価値観に立って、以下の論考を進めていく。

1.2　インタンジブルズの特質

　1990 年代以降、経営環境の変化を踏まえ、知的資本を積極的に活用してイノベーションを実現させようとするナレッジ・マネジメントに関心が寄せられるようになった。榛沢（1999）は、こうした経営環境の変化について、知的資

本とキャッシュフローとの関係に着目しながら、知的資本の特質を次の3点にまとめている。第1に、知的資本は、企業の利益を生み出すための技能・知識・情報に由来する無形資産の集合である。第2に、知的資本は、人的資産（社員の能力、経験など）、商標、特許などの知的資産、顧客との結びつき、技術・ノウハウ、情報システム基盤およびデータ、企業固有の業務手続などからなる企業の知識活動の総体である。第3に、知的資本の大部分は、多くの場合、財務諸表上、明確に区別して資産計上されない。

　すなわち、知的資本は、①無形資産の集合であり、②企業の知識活動の総体であって、③その大部分は財務諸表に資産計上されない、という特質を持ったインタンジブルズとみることができる。ただしこの中には、コーポレート・レピュテーション（企業の評判）が含まれていない。また、知的資本は明らかにインタンジブルズであるが、インタンジブルズは、コーポレート・レピュテーションを含む知的資本よりも広い概念として捉えることが必要である。

　榛沢は、知識は組織のなかに単体で存在しても力を発揮するものではなく、様々な知識が互いに結びついてこそ競争力を生み、キャッシュを生むものとの考えを示している。また、知識をキャッシュフローに結びつける役割を果たすのが事業活動の成果としてのイノベーションであるとして、知的資本のマネジメントによってイノベーションを引き出すことの必要性を説いている。ここで強調されているのは、知識社会の到来を迎え、知的資本、すなわちインタンジブルズの優劣が企業の競争力を決める重要な要因となるという認識である。

1.3　インタンジブルズの貨幣的測定の限界と情報開示に対する期待

　知識社会の到来への対応として、インタンジブルズの認識と測定について、財務会計から多くの研究が実施された。古賀（2009）は、無形資産を新たな価値創造社会のバリュー・ドライバーとしてとらえる考え方を提示した。古賀によれば、新たな価値創造経済の時代を迎えて、そのバリュー・ドライバーをなすのが知的財産権、ブランド、技術、顧客関係等を含む知的資産であるという。これらの無形資産の多くは、資産の認識要件を満足せず、財務諸表に計上

されない見えない資産、すなわちインタンジブルズである。

　古賀は、無形資産の認識と測定について、伝統的プロダクト型会計理論とナレッジ型会計理論とに分けて説明する。まず、伝統的プロダクト型理論における無形資産の測定は、原則として取得した無形資産のみ資産の定義を満たし、取得価額に基づき資産計上される。これに対して、研究開発活動や人的資産、ブランド価値など多くの無形資産は会計の認識対象とはされず、オフバランス処理されることになる。他方、ナレッジ型会計理論では、人材、技術、ブランド等の無形資産の戦略的活用による企業の競争優位性を促進するため、法的または契約、その他ライセンス供与し得るものに対して、公正価値評価による資産処理を図ろうとするものである。

　しかし古賀は、人材のコンピテンスや技術力、顧客関係等の無形価値の多くは貨幣によって評価することは困難であると結論づける。古賀によれば、インタンジブルズとは、①新たな価値創造のバリュー・ドライバーであるが、②財務諸表に計上されず、③貨幣的な評価が難しい見えない資産である。

　さらに古賀は、見えない資産への対処方法として、無形資産に関する情報の拡充を図り、企業の競争優位性の実態を広く情報利用者に伝達することが必要だと述べている。これは、知的資本報告書など無形資産に関するレポーティングの拡充によって、無形資産のマネジメントの実態を開示していくことがインタンジブルズの理解と企業の価値創造につながってほしいという期待の表われとみることができる。古賀のこうした期待は、今日、統合報告に寄せられていると思われる。このことは、古賀（2015）が、統合報告を巡る論点の１つに、内部管理目的か外部報告目的かという統合報告の持つ機能的役立ちを挙げていることからも推察される（古賀，2015，pp. 8-10）。したがって、インタンジブルズの認識と測定にあたっては、その報告形態（情報開示）のあり方からの検討も必要である。

2 インタンジブルズのマネジメントの研究意義

　前節では、価値創造源泉のインタンジブルズへの移行、インタンジブルズの特質、インタンジブルズの貨幣的測定の限界と情報開示への期待の3つの点から、インタンジブルズに基づく企業の価値創造に関する論点を紹介した。各論点に共通してみられるのは、①今日、経済社会の構造が工業型経済社会から知識主導型経済社会に変化していること、②企業の価値創造の基盤がインタンジブルズに移行していること、③インタンジブルズを戦略的に活用してイノベーションを実現していくことが企業の競争優位性の獲得にとって重要である、という認識である。管理会計として、この3点の中で着目すべきことは、インタンジブルズを戦略的に活用してイノベーションを実現していくことが企業の競争優位性の獲得にとって重要であるという点である。

2.1 インタンジブルズのマネジメントの重要性

　櫻井は、管理会計の立場から、インタンジブルズと企業の競争優位性の獲得との関係について次のように論じている。櫻井（2012）は、アメリカのBlair and Wallman（2001）の見解にしたがい、インタンジブルズを知的財産（特許権や商標権など）とオフバランスの無形資産（ブランドやコーポレート・レピュテーション）、無形の資産（人的資産、情報資産、組織資産）の3つに分けて捉えている。櫻井によれば、従来の工業型経済社会において、企業は原材料を購入して機械・設備などの有形資産を使って原材料を製品に変換して企業価値を創造するのが一般的であった。しかし現代企業のマネジメントは、多くの場合、企業価値創造の機会は有形資産のマネジメントからブランド、ソフトウェア、卓越した業務プロセス、情報技術（IT）とデータベース、従業員のスキルやモチベーションといった無形の資産を使った知識主導型のマネジメントに移行している。したがって、企業が競争優位性を獲得するためには、無形の資産の有効活用が必須になったという。

さらに櫻井（2015）は、①企業価値を創造する商品自体が無形物の複合体になってきたこと、②企業価値の創造が従来の原価低減による経営の効率化ではなく、ビジョンや戦略によって決定づけられるようになったこと、③戦略マップやバランスト・スコアカードによるインタンジブルズの活用を可視化できるマネジメント・ツールが登場したことが、無形の資産の有効活用が必須になった理由であると述べている。このように、インタンジブルズのマネジメントを考えるにあたっては、企業の競争優位性獲得の重点がインタンジブルズの有効活用に変化しただけでなく、管理会計それ自体のインタンジブルズのマネジメントに果たす役割期待とその対応能力（経営管理のツールの開発と発展）が増大してきたという現状を踏まえておく必要がある。

2.2　インタンジブルズのマネジメントの構築目的と研究意義

　伊藤（2014b）は、インタンジブルズの構築目的によって、マネジメントの方法が異なるとの認識を示し、インタンジブルズのマネジメントを構築する目的について、インタンジブルズと戦略との関係をもとに3つのアプローチに分けている（伊藤，2014，pp. 138-139）。3つのアプローチとは、①戦略目標アプローチ、②戦略実行アプローチ、③戦略策定アプローチ、である。

　戦略目標アプローチは、課題と戦略目標が明確な場合に、その実現のために必要な特定のインタンジブルズを利用するというアプローチである。戦略実行アプローチは、インタンジブルズと戦略目標との因果関係が明確でない場合に、どのようなインタンジブルズのマネジメントが効果的かについて仮説をもって行うアプローチである。戦略策定アプローチは、戦略課題そのものが不明確であり、どんなインタンジブルズを構築したらよいかも不明な場合のアプローチである。このように、一口にインタンジブルズのマネジメントといってもいろいろなケースがあり、戦略との関係でそれぞれの目的を踏まえたインタンジブルズのマネジメントが必要となる。

　インタンジブルズは把握したり、測定したりすることが難しい。また、インタンジブルズがどのようにして企業価値を創造するのか、そのメカニズムも十

分に解明されていない。しかし、管理会計には、インタンジブルズのマネジメントに対する役割期待の増大と、バランスト・スコアカードや戦略マップという経営管理ツールの進展というこれまでの研究基盤がある。こうした現状を踏まえ、インタンジブルズのマネジメントのあるべき姿を探っていくことは、今日の管理会計が取り組むべき重要な課題である。インタンジブルズのマネジメントの優劣がこれからの企業の競争力向上の鍵を握っているのであれば、なおさらインタンジブルズのマネジメントについて究明していく意義は大きいということができる。

3　インタンジブルズに対する会計のアプローチ

　企業の価値創造の基盤がインタンジブルズに移行していることは前述したとおりである。知識社会の到来やナレッジ・マネジメントの重要性が指摘され始めた 1990 年代から今日に至るまで、インタンジブルズを認識・測定するにはどうしたらよいか、インタンジブルズをどのようにマネジメントすべきかといった課題に真っ向から挑戦してきたのが会計のアプローチであった。

3.1　バランスト・スコアカード

　インタンジブルズに対する管理会計からのアプローチとしては、Kaplan と Norton によって開発されたバランスト・スコアカードが挙げられる（Kaplan and Norton, 1992）。バランスト・スコアカードは、企業の戦略的な業績評価のための経営管理上のツールとして開発されたものだが、今日では戦略実行のための統合的マネジメント・システムとしての役割が大きくなっており、インタンジブルズのマネジメントにも役立つことが期待されている。

　Kaplan と Norton は、1992 年以降もバランスト・スコアカードの戦略的活用に関する多くの著作や論文を発表している。中でも特筆すべきは、バランスト・スコアカードのフレームワークを用いて戦略実行をモニターできる戦略マップを考案した点である。戦略マップは、人的資産、情報資産、組織資産と

いう学習と成長の視点のインタンジブルズを基盤とした企業価値プロセスを可視化したものである（Kaplan and Norton, 2001, 2004）。彼らの一連の研究により、バランスト・スコアカードは戦略実行のための経営管理上のツールとして、多くのエクセレント・カンパニーで導入・活用されて今日に至っている。

伊藤（2014b）は、将来の財務業績を向上する要因がインタンジブルズにあり、インタンジブルズをマネジメントする必要が高まってきたとして、戦略の実行を支援する無形の資産としてインタンジブルズを位置づけている（伊藤, 2014b, p. 45）。伊藤の考えは、バランスト・スコアカードにおいて、学習と成長の視点の人的資産、情報資産、組織資産というインタンジブルズが、内部ビジネス・プロセスの視点における企業の価値創造プロセスを下支えするというものである。

櫻井（2012）は、「将来の企業価値創造の最大の要因となる、無形の資産ないし知的資産やコーポレート・レピュテーション（企業の評判）による価値創造プロセスを、従来よりもすぐれた方法で戦略的に表現し、さらにそれを検証できることにある」のがバランスト・スコアカードの最大の潜在的長所であると述べている（櫻井, 2012, p. 573）。したがって、バランスト・スコアカードは、戦略と結びつけて、インタンジブルズと企業の価値創造に関する研究を進めていくうえで欠くことのできないマネジメント・システムということができる。しかしわが国では、バランスト・スコアカードを導入している企業は少なく、バランスト・スコアカードがインタンジブルズによる価値創造プロセスの管理に役立つことに、多くの経営者は気がついていないのが現状といえよう。

3.2 インタンジブルズの測定・開示モデル

財務会計の領域からは、インタンジブルズのオンバランス化やその認識・測定・開示の方法について、これまで国や地域を挙げて、管理会計以上に多くの研究が行われてきた。

米国では、財務報告革新の必要性からジェンキンズ報告書（AICPA：アメ

リカ公認会計士協会，1994年）が公表された。ジェンキンズ報告書は、非財務指標の開示、財務会計と管理会計の融合、将来情報の開示を謳ったもので、インタンジブルズの情報開示に関する会計研究の先駆けともいうべきものである。また、米国のブルッキングス研究所のBlairとWallmanは、インタンジブルズの評価について、特許、著作権、商標など企業が所有し売却が可能なもの、開発途上の研究開発、コーポレート・レピュテーション、独自の業務プロセスなど企業が所有しているが企業と分離しての売却が困難なもの、知識、スキル、コアとなる競争力、ネットワークなど企業によるコントロールが困難なもの、の3つに分類するなどの研究成果を残した。

　ヨーロッパ諸国では、知的資本の測定・開示を目的とした多くのプロジェクトが実施された。古賀（2012）によると、欧州連合（European Union：EU）が実施した無形資産の管理と報告のガイドラインに関するMERITUMおよびPRISMと呼ばれるプロジェクトの成果（2002～2004）やデンマーク政府による知的資本報告書ガイドラインの刊行（2000，2003）などが代表的なものである。日本においても、経済産業省がブランド価値研究会の成果としてブランド価値を測定するモデル（2002）を公表した。さらに、知的資産経営を推進するため、知的資産経営の開示ガイドライン（2005）のとりまとめが行われた。

　国や地域を挙げての取り組みばかりでなく、研究者個人や企業においても同様の取り組みがみられる。木村（2003）によれば、Lev（2001）が提唱したバリューチェーン・スコアボード、およびEdvinsson and Malone（1997）が作成したスカンディア・ナビゲーターと称するスカンディア社（スウェーデン）の知的資本報告書は、バランスト・スコアカードの発想を取り入れた無形資産の測定・開示モデルの代表的なものである。このほか、伊藤邦雄（2001）が日本経済新聞とともに開発したコーポレート・ブランド（CB）バリュエーター、Sullivan（2000）のIC（知的資本）バリュー・チェーンなどに代表される無形資産の価値測定モデルなどが考案され、公表されている。

　しかし、こうしたインタンジブルズの測定や開示を主目的にした財務会計のアプローチは、2000年代中頃には一段落した感がある。ところが近年、財務

情報と非財務情報とを一元化させた統合報告のフレームワークが公表されてから、財務会計からも非財務情報の測定と開示に再び関心が集まるようになった。

3.3　統合報告の経営管理への役立ち

　統合報告は、外部報告を目的としたものであるが、管理会計の観点から分析・活用すべきだとの主張も行われている。伊藤（2014a）は、統合報告が価値創造の報告を目的としていることから、管理会計としても研究するテーマであると述べている（伊藤，2014a，p. 14）。伊藤は、統合報告は、外部ステークホルダーに対する経営管理情報の提供を行う外部報告であるが、管理会計の立場から、統合報告で開示される情報は内部の経営管理にも大きな影響を与えることを重要視している。また、このことは内部の経営管理者に対する経営管理情報の提供という管理会計の本質を揺り動かすという点で、統合報告は管理会計に対するイノベーションをもたらすとも述べている（同上，p. 14）。伊藤の論点は、統合報告において開示される価値創造に関する情報が、戦略を中心とした経営管理に関する情報そのものであると捉えている点に特徴がある。

　さらに伊藤（2014a）は、総合報告について、ステークホルダーだけでなく、報告主体である企業にとっても重要な意味があることを強調する。伊藤のいう重要な意味とは次の6点である。すなわち、統合報告は、①ステークホルダーとの信頼関係の樹立、②内部経営管理者への市場の論理の導入、③従業員との戦略情報の共有と協力体制の強化、④戦略を可視化することによる従業員のスキルアップ、⑤新たな組織文化の形成、⑥レピュテーション・リスクの低減と戦略実行のマネジメントの強化、という点において、企業にとって重要な意味を持っているという（伊藤，2014a，pp. 15-16）。これらは、いずれも企業のインタンジブルズと関係が深い論点であり、統合報告が、インタンジブルズに関する管理会計の研究対象としてふさわしいことを示唆していると考えられる。

　このように、インタンジブルズに対する会計のアプローチは、大別すると2

つに分けられる。第1のアプローチは、財務会計からの外部報告のあり方を中心とした研究である。第2のアプローチは、戦略の実行と結びつけたインタンジブルズのマネジメントのあるべき姿や統合報告の経営管理への役立ちなどを検討する管理会計のアプローチである。

今後も、これらのアプローチのさらなる展開が期待されるところである。そのなかで管理会計としては、どのようにしてインタンジブルズを戦略の策定と実行に関連づけて企業の価値創造を行ったらよいのかという研究課題を追究していく必要がある。そのためには、インタンジブルズに関する会計の先行研究の成果を踏まえ、企業はインタンジブルズをいかに測定し管理し、インタンジブルズを戦略的に活用していくかという観点からの研究アプローチが重要になる。今日、そうしたアプローチを可能にすると考えられるものの1つが、統合報告におけるインタンジブルズに関する情報開示と、戦略策定への情報利用にあると考える。

4　本研究の目的とフレームワーク

本研究は、統合報告におけるインタンジブルズの情報開示と戦略策定への情報利用という2つの面から、統合報告を活用したインタンジブルズに基づく企業の価値創造のあり方を明らかにすることを目的として実施するものである。インタンジブルズを研究対象とした会計のアプローチは、インタンジブルズの外部報告を目的とした財務会計のアプローチと、インタンジブルズのマネジメントを目的とした管理会計のアプローチの2つに大別される。しかし、これらの2つのアプローチが一体となった取り組みが行われることは、これまでほとんどなかったと思われる。それが、統合報告の登場によって、インタンジブルズの情報開示（財務会計の研究課題）と情報利用（管理会計の研究課題）という財務会計と管理会計双方の研究成果を一元化させて取り組む可能性が出てきたと考えられる。

伊藤（2008）は、経営管理に有用な非財務尺度を大いに取り入れているのが

現在の管理会計研究であり、非財務尺度は財務尺度を直接高めるパフォーマンス・ドライバーであるという見方を示している。本研究も、伊藤のこうした考え方にしたがい、財務指標と非財務指標とを一元化して報告する統合報告の経営管理への有用性に着目するものである。

　本研究の研究対象は、International Integrated Reporting Council（国際統合報告評議会：IIRC）が 2013 年 12 月に公表した国際統合報告フレームワークの基本概念に準拠して作成された日本企業の統合報告書である。そうした条件に適合した日本企業の統合報告書において、インタンジブルズの情報開示がどのように行われているか、また、ステークホルダー・エンゲージメント（ステークホルダーとの対話による絆づくり）を通じて、開示した内容を内部の経営管理、とりわけ戦略策定のために情報利用することに統合報告書が役立つかどうか、という 2 つの面から考察する。

　研究方法は、文献研究と統合報告書を公表している企業へのケーススタディ（インタビュー調査）を併用する。ケーススタディを用いるのは、統合報告書の分析には、アンケート調査などから得られる大量データによる分析よりも、価値創造を主要テーマとした統合報告書を公表している企業のベストプラクティスに学ぶほうが、本研究の目的に見合っているとの判断による。文献研究とケーススタディの結果を通じて、統合報告におけるインタンジブルズの情報開示の実態を明らかにするのと同時に、統合報告を通じた戦略策定への情報利用のあるべき姿を提示する。

　本研究のフレームワークは、図 1 に示すとおりである。第 1 章で、インタンジブルズに関する会計の取り組みを概観し、先行研究から本研究のテーマである統合報告におけるインタンジブルズの情報開示と情報利用に至る道筋を明らかにする。さらに、分析の視点として、アウトサイドイン・アプローチ、インサイドアウト・アプローチという情報開示の 2 つのアプローチを紹介する。第 2 章では、インタンジブルズに基づく価値創造プロセスの代表的なフレームワークの紹介と論点比較を行う。その結果をもとに、インタンジブルズに基づく価値創造プロセスの理解や解明にとって、統合報告への期待が大きいことを

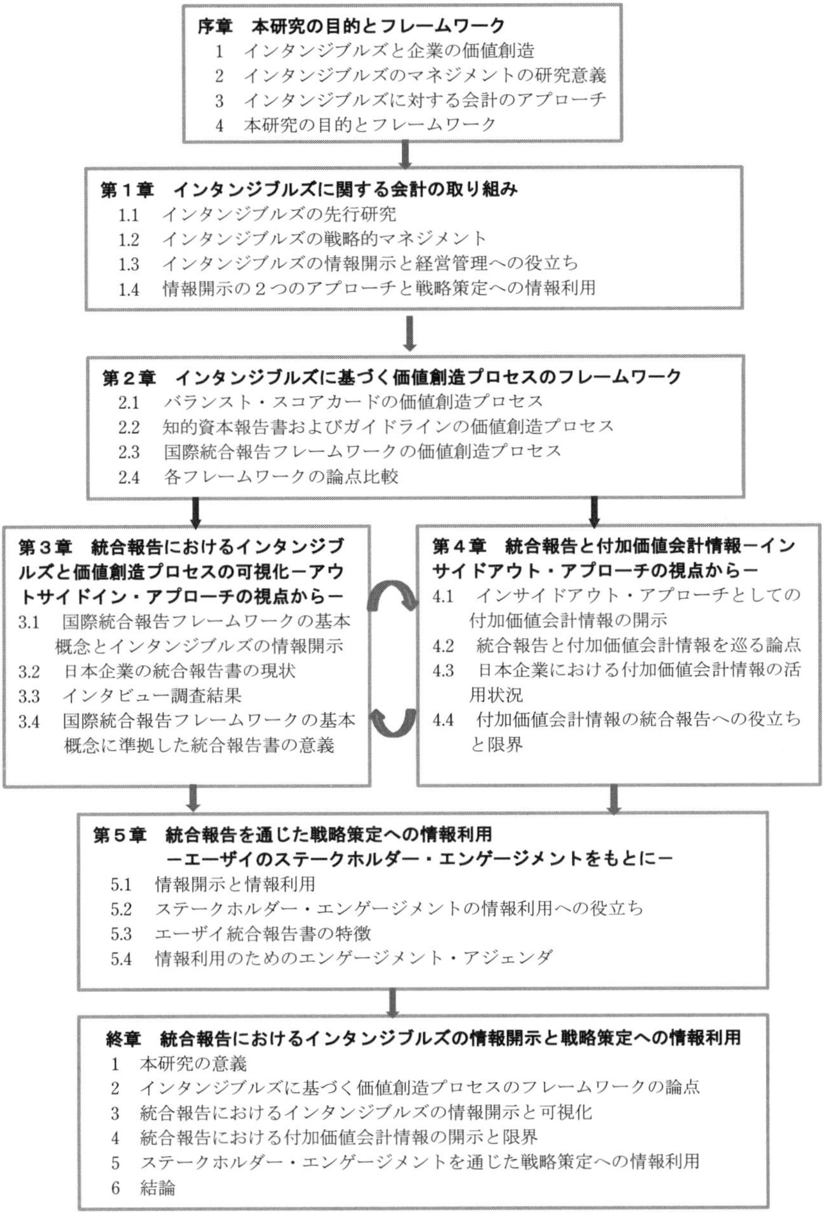

序章　本研究の目的とフレームワーク

序章　本研究の目的とフレームワーク
1　インタンジブルズと企業の価値創造
2　インタンジブルズのマネジメントの研究意義
3　インタンジブルズに対する会計のアプローチ
4　本研究の目的とフレームワーク

第1章　インタンジブルズに関する会計の取り組み
1.1　インタンジブルズの先行研究
1.2　インタンジブルズの戦略的マネジメント
1.3　インタンジブルズの情報開示と経営管理への役立ち
1.4　情報開示の2つのアプローチと戦略策定への情報利用

第2章　インタンジブルズに基づく価値創造プロセスのフレームワーク
2.1　バランスト・スコアカードの価値創造プロセス
2.2　知的資本報告書およびガイドラインの価値創造プロセス
2.3　国際統合報告フレームワークの価値創造プロセス
2.4　各フレームワークの論点比較

第3章　統合報告におけるインタンジブルズと価値創造プロセスの可視化－アウトサイドイン・アプローチの視点から－
3.1　国際統合報告フレームワークの基本概念とインタンジブルズの情報開示
3.2　日本企業の統合報告書の現状
3.3　インタビュー調査結果
3.4　国際統合報告フレームワークの基本概念に準拠した統合報告書の意義

第4章　統合報告と付加価値会計情報－インサイドアウト・アプローチの視点から－
4.1　インサイドアウト・アプローチとしての付加価値会計情報の開示
4.2　統合報告と付加価値会計情報を巡る論点
4.3　日本企業における付加価値会計情報の活用状況
4.4　付加価値会計情報の統合報告への役立ちと限界

第5章　統合報告を通じた戦略策定への情報利用　－エーザイのステークホルダー・エンゲージメントをもとに－
5.1　情報開示と情報利用
5.2　ステークホルダー・エンゲージメントの情報利用への役立ち
5.3　エーザイ統合報告書の特徴
5.4　情報利用のためのエンゲージメント・アジェンダ

終章　統合報告におけるインタンジブルズの情報開示と戦略策定への情報利用
1　本研究の意義
2　インタンジブルズに基づく価値創造プロセスのフレームワークの論点
3　統合報告におけるインタンジブルズの情報開示と可視化
4　統合報告における付加価値会計情報の開示と限界
5　ステークホルダー・エンゲージメントを通じた戦略策定への情報利用
6　結論

図1　本研究のフレームワーク

述べる。第3章では、アウトサイドイン・アプローチの視点から、三菱重工業
㈱、㈱ローソン、㈱野村総合研究所の3社の統合報告書のケーススタディを通
して、統合報告におけるインタンジブルズと価値創造プロセス可視化の可能性
について考察する。第4章では、インサイドアウト・アプローチの視点から、
付加価値会計情報の統合報告における情報開示への役立ちと限界について検討
する。第5章では、エーザイ㈱の統合報告書をもとにしたステークホルダー・
エンゲージメントのケーススタディを通じて、統合報告を活用した戦略策定へ
の情報利用のあるべき姿を提示する。最後に、終章において結論をまとめる。

第1章 インタンジブルズに関する会計の取り組み

はじめに

　現代の企業は、経済社会のグローバル化と情報化が進展した経営環境の下で、より戦略的に競争優位を獲得し、企業価値を創造することが求められている。今日その鍵を握っているのが、知的資本や無形の資産などと呼ばれるインタンジブルズである。インタンジブルズとは、ブランド、知的財産、企業が所有するノウハウや技術、従業員のスキルや忠誠心、顧客や取引先とのネットワーク、コーポレート・レピュテーション（企業の評判）などの無形の価値源泉をいう。

　インタンジブルズは、今日、企業の持続的な価値創造のための源泉であるとの理解が定着してきた。しかし、インタンジブルズが企業の価値創造とどのように関わっているのか、また、インタンジブルズをどのように測定し、管理したらよいかについては一般的な方法が見つかっていない。さらに、企業を取り巻くステークホルダーに対し、インタンジブルズと企業の価値創造に関する情報をいかに開示していくかということも重要な経営課題である。

　インタンジブルズと企業の価値創造に関する会計の取り組みは、財務会計のアプローチと管理会計のアプローチの2つに大別される。財務会計のアプローチは、インタンジブルズを測定し、それを財務情報としてどのように開示していくかという、インタンジブルズのオンバランス化と外部報告を目的としたものである。これに対し管理会計のアプローチは、企業はインタンジブルズをど

のような方法で管理して、価値を創造していくべきかという、インタンジブルズのマネジメントの方法を明らかにすることを目的としている。インタンジブルズを研究対象とした財務会計と管理会計のアプローチは、これまで別々に取り組まれてきた。ところが、統合報告の登場によって、インタンジブルズに対するこれまでの財務会計と管理会計の研究成果を一元化させた形で、インタンジブルズと企業の価値創造について研究できる可能性が高まってきた。

　本章の目的は、インタンジブルズと企業の価値創造に対する財務会計と管理会計の先行研究を概観し、それらの先行研究と本研究の統合報告におけるインタンジブルズの情報開示と情報利用との結びつきを明らかにすることにある。まず第1節で、インタンジブルズとは何かについて、Edvinsson, Lev, Blair and Wallman, Kaplan and Norton, Ittner の先行研究をもとに、インタンジブルズについての考え方と定義を整理する。第2節で、インタンジブルズの戦略的マネジメントについての先行研究を紹介する。第3節では、インタンジブルズに基づく価値創造プロセスの情報開示に関する代表的な取り組みを紹介し、それらの取り組みの経営管理への役立ちについて述べる。最後の第4節では、本研究において情報開示を考察する際の枠組みとなるアウトサイドイン・アプローチとインサイドアウト・アプローチという情報開示の2つのアプローチを説明する。

　なお、本研究においては、インタンジブルズという用語を知的資本、知的資産、無形資産、無形の資産などとの同義語として用いることにする。また、文献を引用、紹介する場合は、著者が用いた用語（インタンジブルズ、知的資本、知的資産、無形資産、無形の資産など）をそのまま引用する。

1.1　インタンジブルズの先行研究

　インタンジブルズは、土地、建物、設備などのタンジブルズ（有形資産）の対立概念である無形資産のなかで、戦略と結びつけて価値創造を行うドライバーとなるものの総称である。インタンジブルズについては、これまで研究者

第1章　インタンジブルズに関する会計の取り組み

により多様な考え方や定義が提示されてきた。本節では、その代表的な見解を紹介することにより、インタンジブルズとは何かについての論点を整理する。

1.1.1　Edvinssonの考え方

Edvinssonは、インタンジブルズ研究の嚆矢ともいえる存在である。スウェーデンの保険会社スカンディア社の財務担当役員に招聘されたEdvinssonは、企業の知的資本（Intellectual Capital）の定義、分類および評価方法等についての研究を行い、スカンディア・ナビゲーターという知的資本報告書のひな型を作成した。

Edvinssonの知的資本に対する関心は、経済が長期的に停滞していた1990年代を通して、株式市場が高値を更新し続けたのはなぜかという疑問から始まっている（Edvinsson and Malone, 1997）。当時ビジネス界では、激変する経営環境への柔軟な対応が強く求められていた。たとえば戦略的パートナーシップの推進、マルチメディア・ネットワークの活用、高度な人材・知的資源の蓄積など、それまでには見られなかった経営環境の変化が進行していた。Edvinssonは、財務情報を用いて企業の経営状況を説明してきた会計学の伝統的なモデルが、今日の経営環境の変化にそぐわなくなったのではないかと考えた。

Edvinssonは、企業のバランスシートが語る経営実体と企業が日々演じている事業活動との間には根本的な相違があり、企業の真の価値を伝統的な会計指標だけでは測定できないという認識を持つようになった。そこから、インテルやマイクロソフトの価値は、会社の建物のレンガやモルタルにはなく、また彼らの商品の在庫にもなく、それらの企業価値は知的資本にあるという結論に至った。

Edvinssonは、知的資本の基本的性質について次の3点を挙げている（Edvinsson and Malone, 1997, p. 43）。

① 　知的資本は、財務情報に対し補足的な情報であって、財務情報よりも下位に位置する従属的な情報ではない。

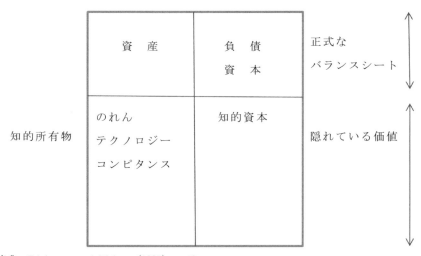

出典：Edvinsson and Malone (1997), p. 43.
図1.1　Edvinssonのインタンジブルズ（知的資本）の考え方

② 知的資本は非財務的な資本であり、市場価値と簿価との間にある隠れたギャップをあらわす。
③ 知的資本は負債の問題であって、資産の問題ではない。

　インタンジブルズに対するEdvinssonの考え方の特徴は、上記③に示されているとおり、「知的資本は資本と同様に負債の問題であり、顧客や従業員などステークホルダーから借りているもの」（Edvinsson and Malone, 1997, p. 43）という認識にある。この考え方を示したものが図1.1である。これは、企業に超過収益力がある場合、その背景に知的資本があるという考え方である。Edvinsson以降のインタンジブルズ研究はこの考え方を踏襲しているものが多い。Edvinssonは、こうした認識に立ち、「知的資本は、スカンディア社に市場での競争力をもたらすところの知識、応用のきく経験、組織のテクノロジー、顧客との関係、専門的な技術を所有すること」（Edvinsson and Malone, 1997, p. 44）と定義した。Edvinssonは、また、知的資本の価値は、知的資本を企業にとっての財務上の利益にどれだけ結びつけることができるかに

第1章 インタンジブルズに関する会計の取り組み

かかっていると述べている。

1.1.2 Lev の考え方

アメリカでは、ブルッキングス研究所が1990年代からインタンジブルズの研究に取り組んでいた。同研究所は、BlairとWallmanをリーダーとするインタンジブルズに関するタスク・フォースを設置し、ニューヨーク大学のBaruch Lev教授に研究委託を行った。その研究報告で提示されたインタンジブルズに対するLevの考え方は、インタンジブルズをイノベーションと結びつけて説明している点に特徴がある。

Lev（2001）は、まず、インタンジブルズは何ら新しい現象ではなく、文明の夜明けから家庭、農場および作業場において活用するべくアイデアが付加されるときには、いつでもインタンジブルズが創出されてきたと指摘する。また、電気、内燃機関、電話および医薬品などの目覚ましいイノベーションは、数々のインタンジブルズを創出してきたという。さらに、インタンジブルズへの投資が、商業ベースで成功し、特許または先行者優位性によって保護される場合には、それらは企業価値および成長をもたらす有形資産へと形を変えると説明する。このように、インタンジブルズは、基本的に企業のイノベーションへの投資によって生み出されるというのがLevの基本的な考え方である。

インタンジブルを定義するにあたって、Levは、まず資産について「商業上の財産からもたらされる収益、債券から得られる利息収入、および製造設備から生じるキャッシュフローのような将来のベネフィットに対する請求権である」（Lev, 2001, p. 5）と定義する。Levは、この資産の定義をもとに、インタンジブルズとは「物理的形態または金融商品としての形態（株券または債券）を有しない将来のベネフィットに対する請求権である」（Lev, 2001, p. 5）と定義づけている。またインタンジブルズの例として、コスト削減をもたらす特許、ブランド、独自の組織構造（たとえばインターネットによる販売チェーン）を挙げている。Levの考え方は、前述のEdvinssonがインタンジブルズを資本の側から捉えているのと対照的に資産と捉えている。

Lev は、インタンジブルズに関連する要素として、①新発見（イノベーションによる創出）、②組織上の慣行（組織デザイン、ビジネスモデル、マーケティング）、③人的資源（訓練への投資、インセンティブ（報酬）、知識）、の3つを挙げている。この3つの要素を用いて、Lev は、インタンジブルズについて、「イノベーション（新発見）、独自の組織設計または人的資源によって生み出される無形の価値源泉（将来のベネフィットに対する請求権）」(Lev, 2001, p. 7) とも説明している。また、インタンジブルズは、企業価値を創出し、有形資産および金融資産との間で相互に作用することによって経済が成長することが少なくないとも述べている。

　Lev は、インタンジブルズや知的資本などの言葉の用い方についても言及している。Lev によれば、インタンジブルズは会計学、知的資産は経済学、知的資本はマネジメント・法律の分野で使用されることの多い用語であり、インタンジブルズ、知的財産、知的資本は本質的に同じものであるという。

1.1.3 Blair と Wallman の考え方

　Lev の研究報告を踏まえ、Blair と Wallman は、『見えない富 (*Unseen Wealth*)』と題するブルッキングス研究所タスク・フォースのレポートをとりまとめた (Blair and Wallman, 2001)。Blair と Wallman は、そのレポートの冒頭で、企業が提供する製品がタンジブルズ（工業製品などの有形なもの）であっても、人々が購入した製品の価値は、技術力やブランド・イメージといったインタンジブルズ（形のない目に見えないもの）によって大幅に高められているという認識を示している。

　それに続いて、工業中心の経済からサービス化ないし知識化した経済への急激な変化について述べている。また、タンジブルズの生産や取引を中心とした経済と、インタンジブルズの取引を中心とした経済との違いについても言及している。すなわち前者は測定が容易なのに対し、後者は取引量をそれらに対する支払価格以外の何等かの単位をもって測定することがきわめて困難であると指摘している。同時に、インタンジブルズの生産に必要な資源に対する投資額

第 1 章　インタンジブルズに関する会計の取り組み

及び支出額を数量化すること、およびインタンジブルズの形成に投入されるインプットの支出額が十分に費消されたのかどうかを評価することも困難であると説明している。

　Blair と Wallman は、インタンジブルズに関するこのような把握困難性を出発点として、インタンジブルズを定義することは難しいとしながらも、次のような幅広い定義を採用している。すなわち、「インタンジブルズとは、財の生産またはサービスの引き渡しに貢献するか、もしくはそれに用いられる無形の要因、またはインタンジブルズの利用をコントロールする個人または企業に対して、将来の生産活動による利益をもたらすと期待される無形の要因である」(Blair and Wallman, 2001, pp. 9–10) というのが彼らの定義である。

　このような定義をもとに、Blair と Wallman は、インタンジブルズはサービスの引き渡しはもとより、生産、マーケティングおよびタンジブルズの流通にとっても重要であると述べている。また、インタンジブルズはサービスと同じではないが、それらはリンクしており、高度な技能に裏付けられたサービスや専門的サービスの引き渡しには相当量のインタンジブルズのインプットを伴うとしている。

　さらに、企業の市場価額と帳簿価額との乖離の一部は明らかにインタンジブルズへの投資によるものであるとも指摘している。またインタンジブルズへの投資は、一般に企業の帳簿価額の一部として記録されることはないが、外部の投資家はそれらの価値を認識し、高い水準のインタンジブルズへの投資を行っている企業に対し高い価値を認める傾向があると述べている。

　最後に、インタンジブルズの測定困難性について、インタンジブルズは目で見たり、これに触れたり、その重さを測ったりすることはできないため、インタンジブルズを直接測定することは困難であるという。そのためインタンジブルズが測定可能な他の何らかの変数に及ぼすインパクトについて説明するには、代理指標または間接的測定に依存せざるを得ないと説明している。

1. 1. 4　Kaplan と Norton の考え方

　インタンジブルズについて、Kaplan and Norton（2004）は、バランスト・スコアカードの学習と成長の視点を構成する要素として、人的資産、情報資産、組織資産の3つを挙げている。これらの無形の資産（intangible assets）は、持続可能な価値創造の究極的な源泉であるとの考えを示している。

　バランスト・スコアカードに関する Kaplan と Norton の研究は、企業の新たな業績測定の手法を開発する目的で 1990 年に開始された。その背景として、当時、企業が競争に勝つためには主として従業員と情報技術などの知識ベースの資産が重要になりつつあったことが挙げられる。しかし、企業の主要な測定システムが財務会計制度を基礎にしたものであるため、従業員の能力、データベース、情報技術、顧客関係、品質、応答プロセス、革新的な製品およびサービスなどの無形の資産への投資は、それらが発生した期に費用計上されるという会計処理が行われていた。

　Kaplan は、財務報告制度は、企業が無形の資産の持つ能力を向上させることによって創造された企業価値を測定、管理するための基礎を提供するものではないと看破した。この欠点を克服するために、「企業の過去の行動の結果である財務尺度（財務の視点）に、将来の財務業績のパフォーマンス・ドライバー（先行指標）を表す3つの視点（顧客、内部ビジネス・プロセス、学習と成長の各視点）を追加して、成果尺度と非財務尺度のバランスをとるべきである」（Kaplan and Norton, 2004, pp. ix‐x）と提案した。これがバランスト・スコアカードの基本的なアイデアであった。

　その頃、それまで生産能力と製品特性を武器に競争してきた製造業も、いまや市場と顧客について深く理解することによって、ターゲットとなる顧客に対し、独自の価値提案をしなければ競争に勝つことができないことが明らかになりつつあった。企業の価値創造プロセスの重点が、有形資産から無形の資産へ移行し、それに伴って市場における競争の性質も変化していた。当時の経営者たちは、新たな戦略を実行できるかどうかという大きな問題を抱えていた。そ

第1章　インタンジブルズに関する会計の取り組み

うした状況の中で、バランスト・スコアカードに理解があった経営者は、戦略実行のツールとして、バランスト・スコアカードが有効なことを見抜いていた。こうしてバランスト・スコアカードは、人的資産、情報資産、組織資産としての無形の資産を戦略に方向づけ、戦略目標を財務、顧客、内部ビジネス・プロセス、学習と成長の4つの視点の因果関係で結びつけることによって、企業の価値創造を実現させる戦略的なマネジメント・ツールとなっていった。

　Kaplan と Norton は、Lev や Blair と Wallman のようなインタンジブルズに関する独自の定義は行っていない。ただし、「無形の資産は、差別化による優位性を生み出すための組織内に存在する知識、あるいは顧客のニーズを満たすための企業内にいる従業員のケイパビリティである」(Kaplan and Norton, 2004, pp. 202-203) というようにインタンジブルズを説明している。また「無形の資産には、特許権、著作権、従業員の知識、リーダーシップ、情報システム、作業プロセスなどの多くのものが含まれている」(Kaplan and Norton, 2004, p. 203) と述べている。Kaplan と Norton の関心は、インタンジブルズをどのように定義するかよりも、インタンジブルズの個々の要素をどのように戦略実行と関連づけていくかにあったといえよう。

1.1.5　Ittner の考え方

　企業が戦略を実行するにあたって、インタンジブルズを含む情報を分析データとして測定することを重視するのが Ittner である。Ittner は、企業が戦略を実行するうえで、客観的に測定されたデータの入手と分析がマネジメント・コントロールをより有効にするとの立場から、戦略的データ分析の必要性を説いている。Ittner によれば、戦略的データ分析とは、戦略的前提の伝達の促進、戦略的バリュー・ドライバーの同定と測定における改善、および資源配分と目標設定の改善にとって役立つものである。Ittner は、戦略的データ分析が、戦略的成功の基礎となる原因を明らかにするのに有用であるとしている。戦略的データ分析によって、戦略の実行を阻害する技術的並びに組織的障害を明らかにすることにより、企業が一般的な業績測定の枠組みや経営者の直感への過度

25

の依存をやめることができるという。戦略的データ分析を行うための定量的、定性的な測定技術をより重視すべきであるという立場をとるのが Ittner である。

　Ittner は、無形の資産を多く測定すれば企業の経済的業績は実際に向上するのか、そのための企業の組織環境や測定の実践はどうあるべきなのかといった問題提起を行っている。インタンジブルズを業績との関係で捉えようというのである。Ittner は、「無形の資産とは、将来の経済的業績及び企業価値のドライバーである非物的資産への支出および非物的資産の開発に相当するもの」(Ittner, 2008, p. 262) という定義を示している。Ittner は、非財務指標であるインタンジブルズの測定への関心から、インタンジブルズを将来の経済的業績及び企業価値創造のバリュー・ドライバーと捉えていると考えられる。

1.1.6　インタンジブルズに対する考え方の整理

　表1.1は、これまで紹介してきたインタンジブルズの考え方をまとめたものである。伊藤 (2009) は、研究者によって異なるインタンジブルズの定義について、インタンジブルズとは触ることができないもの、物的実態を伴わないものとしたうえで、次の3つに整理している。

　第1は、Lev のように、インタンジブルズについて物的実態を伴わない価値源泉とみなす見解である。前述したように、Lev はインタジブルズをイノベーション（発見）、独自の組織設計、人的資源によって生み出される物的実態を伴わない価値源泉（将来便益の請求権）と捉えている。すなわち、株価時価総額と帳簿上の純資産とが大きく食い違っている主因がインタンジブルズにあるというインタンジブルズの捉え方がある。Edvinsson および Blair と Wallman も同じような考え方に立っているといってよいであろう。

　第2は、Kaplan と Norton のように、戦略実行を支援する無形の資産をインタンジブルズとみる見解である。具体的には、バランスト・スコアカードの学習と成長の視点を構成する3つの要素、すなわち人的資産、情報資産、組織資産がインタンジブルズである。Kaplan と Norton は、短期的な財務業績への偏

第1章 インタンジブルズに関する会計の取り組み

表1.1 インタンジブルズに関する用語と定義

研究者（文献）	使われている用語	インタンジブルズの定義
Edvinsson and Malone（1997）	intellectual capital（知的資本）	市場での競争力をもたらすところの知識、応用のきく経験、組織のテクノロジー、顧客との関係、専門的な技術を所有すること
Lev（2001）	intangibles（インタンジブルズ）	物理的形態または金融商品としての形態を有しない将来のベネフィットの請求権
Blair and Wallman（2001）	intangibles（インタンジブルズ）	財の生産またはサービスの引き渡しに貢献するか、もしくはそれに用いられる無形の要因、またはインタンジブルズの利用をコントロールする個人または企業に対して将来の生産活動による利益をもたらすと期待される無形の要因
Kaplan and Norton（2004）	intangible assets（無形の資産）	・持続可能な価値創造の究極的な源泉 ・差別化による優位性を生み出すための組織内に存在する知識、あるいは顧客のニーズを満たすための企業内にいる従業員のケイパビリティ（特許権、著作権、従業員の知識、リーダーシップ、情報システム、作業プロセスなどの多くのものを含む。）
Ittner（2008）	intangible assets（無形の資産）	将来の経済的業績および企業価値のドライバーである非物的資産への支出および非物的資産の開発に相当するもの

出典：筆者作成。

重によって長期的な無形の資産への投資が軽視されているとみて、バランスト・スコアカードを開発した。そこでは、長期的にみた将来の財務業績向上のためというインタンジブルズの位置づけを学習と成長の視点で示したことになる。このように、戦略的な価値創造プロセスを下支えするバランスト・スコアカードの学習と成長の視点こそがインタンジブルズであるという考え方があ

る。

第3に、Ittnerのように、インタンジブルズを非財務指標で測定できるものと捉える見解もある。Ittnerは、インタンジブルズは将来の経済的業績と企業価値に影響を及ぼす物的実態を伴わない資産への支出およびその構築であると捉えている。これは、財務業績を向上させるパフォーマンス・ドライバーこそがインタンジブルズであるという見解といえよう。

インタンジブルズについてのEdvinsson, Lev, Blair and Wallmanの定義は、インタンジブルズのオンバランス化を目的とした財務会計のアプローチである。他方、Kaplan and NortonとIttnerの定義は、企業の価値創造のためのインタンジブルズのマネジメントを目的とした管理会計のアプローチである。本研究では、Kaplan and NortonおよびIttnerの定義をもとに、インタンジブルズについて、「持続可能な価値創造の究極的な源泉であり、将来の企業価値創造のドライバー」と定義して、これから先の論述を進めていくことにする。

1.2 インタンジブルズの戦略的マネジメント

従来インタンジブルズといえば、会計学では、オンバランスされる特許権や商標権、営業権などの知的財産と、ブランドに代表されるオフバランスの無形資産を意味するのが一般的であった。しかし現在は、管理会計において、上記以外の知的資本、およびバランスト・スコアカードの学習と成長の視点のインタンジブルズ（人的資産、情報資産、組織資産）などを含めて広くインタンジブルズを捉え、それらを戦略的にマネジメントしようとする考えが打ち出されてきている。

1.2.1 管理会計の研究対象としてのインタンジブルズ

櫻井（2006）は、管理会計におけるインタンジブルズの研究の現状について次のように分析している。櫻井によれば、オンバランスされている無形資産の

第1章　インタンジブルズに関する会計の取り組み

会計処理をどうするか、現在はオフバランスであっても投資意思決定のために
それをいかに測定するか、無形資産をいかに評価するかといった財務会計から
のアプローチに比べて、管理会計においては、バランスト・スコアカードの学
習と成長の視点に含まれるようなインタンジブルズを対象とした研究は極めて
少ない現状にあるという。さらに管理会計では、インタンジブルズを効率的・
効果的にマネジメントして企業価値を創造できるのでなければ、論文としての
価値は高いとはいえないと指摘している。

　こうした現状を踏まえて櫻井は、管理会計におけるインタンジブルズ研究の
対象として、Kaplan and Norton（2004）の戦略マップと、コーポレート・レ
ピュテーションの2つを挙げている。このうち、戦略マップに関しては、「少
なくとも Kaplan の意図には、これまで正面から試みられたことのなかった挑
戦的な試み―無形の人的資産、情報資産、組織資産のマネジメント―を行おう
とする意志が明確に読み取れる」（櫻井, 2006, p. 18）と述べている。

　インタンジブルズに対する櫻井の研究アプローチの特徴は、第1に、無形資
産と無形の資産とを意識的に区別している点にある。櫻井（2006）は、財務会
計で伝統的に会計の対象としてオンバランスされるものを無形資産（intangi-
ble assets）とし、会計学上でまだ資産として必ずしもすべての人々によって
認知されていない人的資産、情報資産、組織資産、およびコーポレート・レ
ピュテーションを含む包括的な資産概念を無形の資産と称して区別している。

　櫻井によれば、こうした区分は、先に紹介した Blair and Wallman（2001）
のインタンジブルズの測定段階における区分を含意するという。すなわち、
Blair と Wallman は、インタンジブルズについて、①所有と売却が可能な資産
（特許権、著作権など）、②支配可能であるが分離し売却することができない資
産（開発途上にある研究開発投資、企業秘密、独自の業務システムなど）、③
企業によって完全に支配できないインタンジブルズ、の3つに分けている。こ
のうち、①はオンバランスされる知的財産、②はオフバランスの無形資産（ブ
ランドなど）である。この2つは、財務会計研究者によって測定と伝達の対象
として取り上げられてきた無形資産である。③は人的資産や情報資産、組織資

29

産と呼ばれる無形の資産であり、③がインタンジブルズのマネジメントにとって、今日重要性が高まってきた資産であると櫻井は説明している。

第2の特徴は、インプット（ヒト、モノ、カネ）をアウトプット（企業価値）に変換する媒介変数としてインタンジブルズを捉えている点である。櫻井は、無形の資産について、Kaplan and Norton（2004）にしたがい、人的資産（スキル、知識、訓練など）、情報資産（ネットワーク、データベース、情報システムなど）、組織資産（組織文化、リーダーシップ、チームワークなど）の3つに分類している。そしてこれらの無形の資産を企業価値に変換するには、資源から価値への変換の枠組みが形成されていなければならないとしている。

さらに櫻井（2012）は、人的資産、情報資産、組織資産を知的なインタンジブルズとしてまとめ、これらに対するマネジメントの特徴として次の4点を挙げている（櫻井，2012，pp. 612-613）。

① 知的なインタンジブルズは単独ではほとんど価値をもたず、他のインタンジブルズや有形資産と結合して、はじめて価値を創造する。（管理会計におけるインタンジブルズ研究は、人的資源、IT および組織との関係で研究することが重要。）

② 企業の価値創造は、状況（競争、価格、組織、時代背景、資源の保有状況など）と戦略によって決定される。（インタンジブルズの状況と戦略との関係で検討することが必要。）

③ インタンジブルズに基づく企業価値の創造は間接的である。つまり努力が成果に直接的な影響を及ぼすことは少ない。（バランスト・スコアカードや戦略マップといった努力と成果の関係を測定して可視化できる管理会計的手法の開発と活用が不可欠。）

④ インタンジブルズではコストと収益との対応関係が製造業ほど明白ではない。（管理会計において創造される価値の測定や評価・分析方法について、新たな測定方法開発の必要性を示唆。）

櫻井は、超過収益力のバリュー・ドライバーについて、1980年代まではのれん、1990年代は知的財産や知的資本、2000年代はインタンジブルズを挙げ

ている。そのうえで、今日の超過収益力の源泉としての無形の資産を、①知的なインタンジブルズ、②レピュテーションに関するインタンジブルズ、の2つに分類し、この2つが管理会計のインタンジブルズに関する研究対象であるとしている。

1.2.2 バランスト・スコアカードによるインタンジブルズの戦略的マネジメント

インタンジブルズの戦略的マネジメントについて、浜田（2001）は、市場競争に勝つための留意点の1つとして知的資産の効果的管理の必要性を強調する。浜田のいう知的資産とは、企業の利益を生み出す技能、構造、知識、情報等の無形資産の集合を意味している。無形資産の集合には、たとえば社員の能力や経験などの人的資産、商標や特許などの知的財産、顧客との望ましい関係、技術、ノウハウ、情報システム基盤、企業固有の業務手続などが含まれる。

これらの無形資産の大部分は、財務諸表には計上されない見えざる資産であり、競争優位をもたらす重要な源泉であると浜田は捉えている。知的資産を有効に活用することが顧客との信頼関係の維持や顧客の望む革新的な製品やサービスの効率的な提供につながるという。すなわち、知的資産の効果的な管理には、財務諸表だけでなく、それと非財務情報の両者を用いた総合的マネジメントが必要であり、しかも知的資産の管理は、長期的視点に立って、株主のみならず全ステークホルダーの価値を高めることと結びついていなければならないと指摘している。

浜田は、上記の目的を達成するための方法として、バランスト・スコアカードによる管理の意義について述べている。さらにバランスト・スコアカードがナレッジマネジメントに対しても有効であることに言及している。浜田は、非財務目標について、「企業における非財務目標と財務目標との間には、必ずしも明確なものばかりではないが一般的に原因と結果の関係があり、財務目標を達成するための実施目標として、非財務目標がある」（浜田, 2001, p. 51）と

位置づけている。バランスト・スコアカードによる管理方法については、「もっぱら財務情報のみに考察対象を限定しがちな会計人に対し、管理への非財務指標の有用性や、財務指標と非財務指標の両者による管理の必要性を検討させる発端となった点で、きわめて重要である」（浜田，2001，p. 52）と述べている。

浜田によれば、バランスト・スコアカードによるインタンジブルズの戦略的マネジメントの利点は次の3点に集約される。

① 知的資産の充実をもたらす指標を具体的に設定し、その達成をめざすことができる。

② 管理者と現場従業員の間で、共通の目的に向かわせるようなコミュニケーションを促進することができる。

③ コミュニケーションを行う過程で知識が蓄積されることになる。

この3つの利点に加えて、浜田は、「バランスト・スコアカードは決して静態的な、管理のための管理会計情報システムではない。バランスト・スコアカードは生きたスコアカードであり、経営管理者と現場従業員が常に仮説検証サイクルを回し続けるための共通のプラットフォームなのである。両者が有する異なるナレッジが流通し、蓄積され、組織知として新たに創造されるための「場」を提供するフレームワークなのである」とバランスト・スコアカードの特徴を紹介している（浜田，2001，p. 54）。

1.2.3　戦略の実行と循環型マネジメント・システムの構築

戦略実行のマネジメントは、循環型のマネジメント・システムとして構築する必要があるというのが Kaplan と Norton の主張である（Kaplan and Norton, 2008）。伊藤（2009）は、バランスト・スコアカードを用いた循環型のマネジメント・システムにおける戦略実行の PDCA（Plan-Do-Check-Action）の具体的な展開方法について、インタンジブルズと関係づけて、次のように論じている。戦略実行の PDCA サイクルは以下の6つのステージで構成される。

ステージ　1：戦略の構築。

第1章　インタンジブルズに関する会計の取り組み

ステージ　2：戦略マップやバランスト・スコアカードを用いた戦略の計画。

ステージ　3：戦略マップとバランスト・スコアカードをすべての組織ユニットへ落とし込むこと（組織の戦略へのアラインメント）。

ステージ　4：経営者たちが戦略と一貫性をもって業務を計画すること。

ステージ　5：戦略および業務の計画を実行した結果をモニターし、学習すること。

ステージ　6：戦略を検証し適応すること（戦略の修正や新たな構築）。

　まずステージ1（戦略の構築）で、インタンジブルズの戦略への取り込みが行われる。このステージでは、ブランドやレピュテーションといったステークホルダーの評価を考慮に入れるだけではなく、人的資産、情報資産、組織資産といった資源をベースにしたものも含めて戦略策定を行うことが重要となる。

　ステージ2（戦略の計画）では、インタンジブルズの取り扱いに対する留意が必要となる。とくに戦略マップの学習と成長の視点におけるインタンジブルズの戦略目標と、内部ビジネス・プロセスの戦略的価値創造プロセスとの連携を重視した形でインタンジブルズを設定しなければならない。内部ビジネス・プロセスにおける価値創造に必要となる人材やデータベース、情報システム、組織文化などに関して、現状と必要と想定されるレベルの差を把握し、現有のインタンジブルズの成熟度を評価（レディネス評価）する必要がある。

　ステージ3（組織の戦略へのアラインメント）においては、インタンジブルズを特定の事業部だけでなく、支援部門や支援本部などと連携させたものにしていくことが必要となる。ステージ4（業務の計画）では、日常業務の中にインタンジブルズを落とし込んでいく。

　ステージ5（モニターと学習）では、戦略目標としての財務尺度と非財務尺度、無形の資産のレディネス評価、業務計画の達成度についてそれぞれモニターすることになる。最後にステージ6（戦略の修正と新たな構築）において、インタンジブルズを含めて戦略の修正や新たな構築が行われる。

このように、インタンジブルズのマネジメントに関しては、管理会計の立場からみた場合の留意点とそのマネジメントの特徴、バランスト・スコアカードを用いたインタンジブルズの管理の有効性、さらにバランスト・スコアカードを用いた戦略実行のための循環型マネジメントの構築方法などについての先行研究がある。これらの先行研究に共通しているのは、インタンジブルズの戦略的マネジメントに対するバランスト・スコアカードの有用性である。

1.3 インタンジブルズの情報開示と経営管理への役立ち

インタンジブルズの情報開示に関する先行研究としては、欧州の知的資本報告書に関するガイドラインが代表的なものとして知られている。また、わが国でも経済産業省が知的資産経営の開示に関するガイドラインをとりまとめている。本節では、それらのガイドラインへの取り組みと、そうしたインタンジブルズの情報開示への取り組みがインタンジブルズのマネジメントにも役立つという主張を紹介する。次に、統合報告において、インタンジブルズを含む企業の価値創造プロセスに関する情報開示の管理会計への役立ちについて述べる。

1.3.1 知的資本報告書の経営管理ツールとしての活用

1990年代から2000年代前半にかけて、ヨーロッパでは前述のEdvinssonのスカンディア・ナビゲーターをはじめ、欧州連合（European Union：EU）やデンマーク政府などが中心となって、インタンジブルズを定義・認識・測定し、その成果を知的資本報告書として開示しようという取り組みが行われてきた。

知的資本報告書に関する代表的な取り組みは次の3つである。

① スカンディア社（スウェーデン）のスカンディア・ナビゲーター
② EUが中心となって実施したMERITUMおよびPRISMと呼ばれるプロジェクトがまとめた知的資本報告書ガイドライン
③ デンマーク政府の知的資本報告書に関するガイドライン

第1章　インタンジブルズに関する会計の取り組み

EU およびデンマーク政府のプロジェクトにおいて指導的役割を果たした Mouritsen は、仲間との共同論文（2005）の中で、知的資本報告書に関して外部報告目的だけでなく、内部の経営管理とくにインタンジブルズのマネジメントに役立てるべきであると論じている（Mouritsen et al., 2005）。

Mouritsen たちは、企業の知的資本戦略とは、知的資源とその相互作用について理解することであると位置づける。そのうえで組織にとってどのような知的資源が重要か、組織の業績を向上させるために知的資源をどのように組み合わせたらよいのかについて、企業は状況と情報を積極的に提供する必要があるという。そのためには、企業は重要な知的資源を特定すること、企業の競争上のポジションを高めるために重要な知的資源を管理する正しい手段を見つけることにチャレンジしなければならない。その問題を解決するうえで、知的資本報告書が知的資源とそれを管理する方法とを深く理解するのに役立つというのが Mouritsen たちの論点である。

ヨーロッパを中心に行われた知的資本報告書ガイドラインの取り組みは、いずれも知的資本に関する情報開示モデルの決定版とはなっていない。また、2005 年に、無形資産の会計処理について規定した国際会計基準（IAS）第38 号「無形資産」[1] が EU 内の企業の会計基準となり、その頃を境に知的資本報告書に関する新しい研究成果がみられていない。Mouritsen たちは、このような状況を予測していたかのように、知的資本報告書は、企業の競争上のポジションを理解するために資本市場と外部ステークホルダーにとって重要とする一方で、組織のバリュー・ドライバーについて企業内部での理解を深めるのにも役立つと指摘している。知的資本に関する情報の開示が、内部の経営管理のツールとしても役立つという主張である。

---

1) IAS38 号「無形資産」は無形資産の会計処理に関する取扱いを規定したもので、原則としてすべての無形資産の会計処理に適用される。IAS38 号は、資産について「過去の事象の結果として企業が支配し、かつ将来の経済的便益が企業に流入することが期待される資産」と定義しており、この資産のうち「物質的実体のない識別可能な非貨幣的資産」を無形資産としている。

こうした主張を行った主旨について、Mouritsen たちは、ヨーロッパの視点で、知的資本の自発的報告をもたらす目的があったという。同時に、知的資本報告書は管理会計によって影響されるものであり、伝統的な会計のレレバンス・ロストへの回答であるとも述べている。

1.3.2 経営改革を意図した日本の知的資産経営

21 世紀に入り、わが国でもインタンジブルズによる企業の価値創造に対する関心が高まった。経済産業省は、「『新たな価値創造経済』へ向けて」と題する 2004 年の通商白書において、知的資産の活用による価値創造が新たな競争のあり方として拡がりつつあることを指摘している。

経済産業省の分析によれば、新たな価値創造経済とは、経済的な価値や富の源泉が、もはや財を生産することではなく、知的資産を創造、獲得、利用することにあり、他の企業が複製できないその企業固有の能力や資産をもつことが必要不可欠な経済（知識基盤経済）という状況認識を示している。こうした変化に対処するためには、①経済の生産活動における価値創造の源泉を把握し評価すること、②研究開発（R & D）のようなイノベーションを促進する創造的な活動については、富を創造する投資活動として認識されるべきであること、③教育訓練やスキル開発のような知識の生産や知的資産の形成に関わる活動も、将来的には富を創造する投資活動として認識すべきこと、といった新しい評価の仕組みが必要なことを説いている。それと同時に、現状の会計システムで開示されている財務情報を把握するだけでは不十分であり、知的資産に関する多様な評価方法や開示手段が提案されているが、それらが包括的なフレームワークを提案するには至っていない状況にあるとの認識も示している。

通商白書に続いて、経済産業省は、2005 年、『知的資産経営の開示ガイドライン』を公表した。これは、知的資産経営報告を作成する企業（経営者）、およびそれを評価する者への参考指針として取りまとめられたものである。知的資産経営の開示ガイドラインの目的は、企業が将来に向けて持続的に利益を生み、企業価値を向上させるための経営活動を、経営者がステークホルダーにわ

かりやすいストーリーで伝え、企業とステークホルダーとの間で認識を共有することにある（経済産業省，2005，p. 3）。また、知的資産経営報告は、任意の開示であり、新たな報告書として発行してもよいが、アニュアルレポート、サステナビリティレポートなど、既存の開示文書の一部としてもよいとしている。さらに、開示されるストーリーの信憑性を高めるため、ストーリーの中に裏づけとなる指標を入れる方法を提示し、その目安として具体的な指標例を多数示しているのが特徴である。このガイドラインが真に意図することは、知的資産経営を行おうとする企業が、知的資産経営の開示自体よりも、むしろ開示を行う過程において自らの強みや特徴を再認識し、それらを最大限活用できる経営のあり方を改めて捉えなおし、改革していくことにある。このガイドラインは、経営管理への役立ちという表現こそないものの、知的資産経営の実態を開示することが経営管理にも役立つことをも意図したものであることがうかがえる。

1.3.3　透明性を増した適正な経営管理を志向させる統合報告

統合報告は、財務指標に非財務指標を加えた総合的な外部報告として新たな関心を集めており、わが国において、統合報告書を作成、公表する企業が急増している。とくに国際統合報告評議会（International Integrated Reporting Council：IIRC）の国際統合報告フレームワークの基本概念（価値創造、資本、価値創造プロセス）に準拠して作成された統合報告書は、企業の価値創造プロセスが、財務資本、製造資本、知的資本、人的資本、社会・関係資本、自然資本という6つのストックと、ビジネスモデルというフローを用いて開示される点が特徴的である。

伊藤（2014）は、統合報告は、外部報告に関する基準という意味で財務会計の研究テーマであるが、報告内容が価値創造であるという意味において、管理会計としても研究すべきテーマであると主張する。統合報告の管理会計上の意義について、伊藤は、内部経営管理としてこれまで行ってきたことに外圧が加わることで、透明性を増したより適正な内部管理へと向かうことができる点に

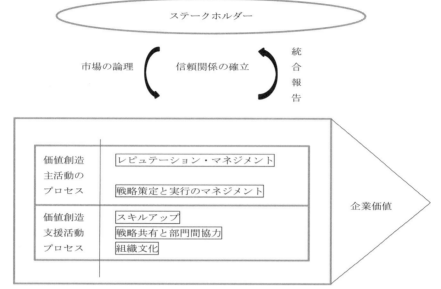

出典:伊藤(2014a), p. 16。
図1.2 統合報告の経営管理上の意義

あると指摘する。すなわち、図1.2に示すように、①統合報告を作成することで投資家との信頼関係を樹立できること、②統合報告によって内部経営管理者へ市場の論理を導入できること、③統合報告が外部だけでなく、内部の従業員への報告ともなり、戦略情報の共有と協力体制の強化ができること、④統合報告で戦略を可視化することによって、従業員のスキルアップにも寄与できること、⑤統合報告することが新たな組織文化の形成となること、⑥統合報告によってレピュテーション・リスクの低減と戦略の策定と実行のマネジメントが強化され、企業価値の創造が行われること、を統合報告の経営管理上の意義として挙げている(図1.2)。

1.4 情報開示の2つのアプローチと戦略策定への情報利用

　本節では、情報開示におけるアウトサイドイン・アプローチ、インサイドアウト・アプローチという2つのアプローチを紹介する。さらに、この2つのアプローチをもとに、前節で述べた知的資本報告書、知的資産経営報告書、ならびに統合報告がどのアプローチに該当するかについて検討する。最後に、インタンジブルズの情報開示と情報利用に向けての統合報告の役立ちについて述べる。

1.4.1　持続可能性報告書の5つのタイプ

　Schaltegger（2012）は、持続可能性報告書について、ビジネス環境や企業の報告に対する社会の期待などの違いによって、報告のタイプを5つに分類している（表1.2）。Schalteggerによれば、企業の報告に対する社会の期待がない場合は外部報告が行われず、業務の一部として内部のコミュニケーションのみに持続可能性会計情報が使われるという。外部報告への社会の期待がある場合、外部報告のもっとも初歩的な段階は、社会との関係づくりを目的にした企業の広報（PR）のための外部報告である。外部報告の次の段階は、企業の持続可能性に対するステークホルダーの期待とニーズに見合った情報を提供するものである。この段階の外部報告はアウトサイドイン・アプローチと呼ばれている。表1.2によれば、アウトサイドイン・アプローチの外部報告は、任意のコミュニケーション活動に必須の要素を含んだ外部報告のための会計を基礎にしている。Schalteggerのいうアウトサイドイン・アプローチは、持続可能性についての外部のガイドラインや規程に準拠して作成された情報開示を目的とした外部報告を意味していると考えられる。

　これに対し、持続可能性に対して企業がどのような業務管理を行い、何を達成したかについての情報開示がインサイドアウト・アプローチと呼ばれるものである。インサイドアウト・アプローチは、業務管理のための会計を基礎にし

表1.2　社会・ビジネス環境の違いによる持続可能性報告書のタイプ

ビジネス環境	報告に対する社会の期待	持続可能性会計との関連	持続可能性報告との関連	報告のタイプ
Trust me 委託する	なし	内部の効率性改善	効率性の改善達成のための内部コミュニケーション	外部報告なし 標準的な業務の一部分としての必要な内部コミュニケーション
Tell me 伝える	情報伝達	社会から要請された問題に対する情報創造（非常に見やすい形）	重要な外部とのコミュニケーション要素としての持続可能性（一部内部目的を含む）	外部報告（PR（社会との関係づくり）志向）
Show me 見せる(示す)	情報伝達と説明	ステークホルダーの期待と情報需要に見合った情報創造	任意のコミュニケーション活動に必須のコミュニケーション要素	アウトサイドイン・アプローチ（コミュニケーションおよび外部報告主導の会計）
Prove to me 証明する	測定と報告（情報伝達と説明）	持続可能性に対する業務管理において何を達成したかについての情報開示（透明性をもった証拠にもとづいたもの）	業務管理および情報開示の体系的なアプローチにおける追加的な要素	インサイドアウト・アプローチ（業務管理および会計主導の外部報告）
Involve me 巻き込む（参加）	参加、エンパワー、統合、対話	対話のサポートおよび開発・実行への参加、責任の共有の基盤	双方向のコラボレーションおよびステークホルダー・インボルブメントの体系的なアプローチにおける一つの統合された要素	ツイン・アプローチ（ステークホルダーの参加、協同的な戦略の策定、外部報告、コミュニケーション、会計を巻き込んだもの）

出典：Schaltegger（2012），p. 186.

た外部報告である。すなわち、インサイドアウト・アプローチは、内部の経営管理に関する情報をステークホルダーに開示することを目的とした外部報告と理解することができる。さらに、ステークホルダーの参加、協働的な戦略の策定、外部報告、コミュニケーション、会計を巻き込んだ双方向のアプローチをめざしたツイン・アプローチもある。ツイン・アプローチは、アウトサイドイン・アプローチとインサイドアウト・アプローチの双方を取り込むことによ

り、さらに進化を遂げた外部報告のタイプとみることができる。

1.4.2　情報開示の2つのアプローチ

　上記の分類を第3節で紹介した欧州の知的資本報告書や日本の知的資産経営報告書に援用すると、企業が行う外部報告、すなわち情報開示には、大きく2つの目的があると考えられる。1つは、法令や制度、または外部報告のためのガイドラインなど社会の要請・基準に準拠した形での情報開示を目的としたアウトサイドイン・アプローチである。アウトサイドイン・アプローチは、Schalteggerの分類では、情報伝達と説明という社会のニーズに対し、企業が経営の成果を社会に見せる（示す）ための情報開示である（表1.2）。欧州の知的資本報告書や日本の知的資産経営報告書の開示ガイドラインに基づいて作成された報告書は、アウトサイドイン・アプローチに相当するものである。

　もう1つのアプローチは、企業が戦略や計画をどのように実行し、経営管理をどのように行って目標を達成したかについて情報開示することを目的としたインサイドアウト・アプローチである。これは、Schalteggerの分類にしたがえば、測定と報告という社会のニーズに対し、企業がどのような経営を行っているかについて証明するための情報開示に相当するものである。知的資本報告書の経営管理のツールとしての活用や、知的資産経営報告書を経営の見直しや改革に利用しようという意図をもった情報開示はインサイドアウト・アプローチからの情報開示であるということができる。

1.4.3　統合報告による戦略策定への情報利用

　統合報告は、投資家をはじめとしたステークホルダーへの外部報告であると同時に、ステークホルダーとの信頼関係の確立など管理会計的な意義があることは第3節で指摘したとおりである。企業は、アウトサイドイン・アプローチとして、国際統合報告フレームワークにしたがって統合報告書を作成し、投資家をはじめとするステークホルダーに対し、企業の価値創造に関する情報開示を行うことができる。それと同時に企業は、インサイドアウト・アプローチと

して、価値創造を実現するにあたり、どのような経営管理を行っているかについても、統合報告を通じて情報を開示することができる。さらに、統合報告を活用したステークホルダー・エンゲージメントを通じて、ステークホルダーとの信頼関係を確立するとともに、戦略の策定への情報利用も期待できる。したがって統合報告は、ステークホルダーを巻き込んだSchalteggerのいうツイン・アプローチに相当するものと考えられる。

　本研究では、アウトサイドイン・アプローチ、インサイドアウト・アプローチという情報開示の2つのアプローチをもとに、統合報告におけるインタンジブルズの情報開示について検討する。さらに、統合報告について、単に情報開示に止まらず、統合報告を活用したステークホルダー・エンゲージメントを通じた戦略策定への情報利用の観点からも考察する。それにより、統合報告を活用したインタンジブルズのマネジメントの展開方向を明らかにすることができると考える。

まとめ

　本章では、インタンジブルズと企業の価値創造に関する会計の取り組みについての財務会計および管理会計の先行研究を概観した。はじめに、インタンジブルズとは何かについて、Edvinsson, Lev, Blair and Wallman, Kaplan and Norton, Ittner のインタンジブルズに対する考え方や定義を紹介した。また、それらの定義について、伊藤（2009）にしたがい、①物的実態を伴わない価値源泉、②戦略実行を支援する無形の資産（バランスト・スコアカードの学習と成長の視点）、③財務業績を向上させるパフォーマンス・ドライバー、という3つに整理した。

　続いて、櫻井（2006）の見解をもとに、管理会計の研究対象としてのインタンジブルズには、超過収益力の源泉としての無形の資産として、知的なインタンジブルズ（人的資産、情報資産、組織資産）と、コーポレート・レピュテーションの2つがあることを確認した。また、インタンジブルズの戦略的なマネ

42

ジメントにとってバランスト・スコアカードによる管理が有効であること（浜田，2001）、およびインタンジブルズと関係づけた戦略の実行は、循環型マネジメント・システムの構築が必要なことを紹介した（伊藤，2009）。

次に、インタンジブルズの情報開示の経営管理への役立ちについて、欧州で取り組まれた知的資本報告書が内部の経営管理にも役立つという Mouritsen たちの主張、および日本の経済産業省が取りまとめた知的資産経営の開示ガイドラインの経営の見直しや改革への役立ち、さらに統合報告の経営管理上の意義（伊藤，2014）についての論点を紹介した。

最後に、情報開示に関するアウトサイドインとインサイドアウトという 2 つのアプローチを紹介した（Schaltegger, 2012）。アウトサイドイン・アプローチは、法令や制度、持続可能性等に関するガイドラインなどに準拠した情報開示を目的としている。インサイドアウト・アプローチは、透明性の高い経営のために、内部の経営管理に関する情報をステークホルダーに開示することを目的としたものである。本研究では、この 2 つのアプローチにしたがって、統合報告におけるインタンジブルズの情報開示について検討するとともに、統合報告を活用したステークホルダー・エンゲージメントを通じた戦略策定への情報利用についても考察する。

第2章　インタンジブルズに基づく価値創造プロセスのフレームワーク

はじめに

　インタンジブルズと呼ばれる無形の資産に注目が集まったのは、東西冷戦が終焉を迎え、グローバルな大競争時代の幕開けとなった1990年前後からである。当時、知識をはじめとするインタンジブルズは、これからの企業の価値創造を支えていくものとして、ナレッジマネジメントに代表されるインタンジブルズのマネジメントに大きな関心が寄せられた。時を同じくして、インタンジブルズと企業の価値創造に対する会計の取り組みも活発に行われるようになった。そこには、伝統的な財務報告モデルでは、企業の真の姿を伝えることが難しくなっているのではないかという問題意識があった。

　バランスト・スコアカード（Balanced Scorecard：BSC）を開発したKaplanとNorton、スカンディア・ナビゲーターと呼ばれる知的資本報告書を公表したEdvinssonとMalone は、こうした時代の変化を敏感に読み取り、新しいマネジメント・システムや外部報告のあり方の研究に取り組んでいたのである。彼らの研究は、その後の北欧諸国が中心となった知的資本報告書プロジェクトに影響を与え、さらに、今日の統合報告へつながっている。とくに、先進諸国が新たな成長戦略の実現を模索している現在、長期的にみて、インタンジブルズのマネジメントの巧拙が、今後の企業の価値創造を左右する大きな要因になると考えられる。管理会計も、そうした状況に対応できる役割が求められているといえよう。

本章の目的は、文献研究により、インタンジブルズに基づく価値創造プロセスに関する代表的なフレームワークを通して、企業の価値創造におけるインタンジブルズの役割を把握し、マネジメントの要点を考察することにある。本章で取り上げるフレームワークは、バランスト・スコアカード、5つの知的資本報告書およびガイドライン（スカンディア・ナビゲーター、MERITUM ガイドライン、PRISM プロジェクト、デンマーク知的資本報告書ガイドライン、知的資産経営の開示ガイドライン）、および国際統合報告フレームワークの合計7つである。

　第1節では、バランスト・スコアカードを取り上げ、バランスト・スコアカードがインタンジブルズをどのように位置づけ、価値創造プロセスを設定しているのかを概説する。第2節では、5つの知的資本報告書およびガイドラインを紹介し、そこに示されているインタンジブルズに基づく価値創造プロセスの概要を述べる。第3節では、国際統合報告フレームワークにおける価値創造プロセスとインタンジブルズの取り扱いについて検討する。第4節において、各フレームワークの論点を比較し、インタンジブルズの情報開示と情報利用の観点から、統合報告が重要なマネジメント・ツールになりうることを指摘する。最後に発見事項をまとめる。

2.1　バランスト・スコアカードの価値創造プロセス

　バランスト・スコアカードは、Kaplan と Norton によって開発された業績評価および戦略実行のためのマネジメント・システムである。バランスト・スコアカードの長所は、短期的視点と長期的視点、財務情報と非財務情報、株主・顧客・従業員などステークホルダー、原因と結果、といった4つの面においてバランスのとれたマネジメントを行える点にある。また、財務、顧客、内部ビジネス・プロセス、学習と成長という4つの視点に基づき、企業の価値創造プロセスを可視化した点が特徴的である。

第2章　インタンジブルズに基づく価値創造プロセスのフレームワーク

2.1.1　バランスト・スコアカードの基本構造

　経営環境の変化に適合した新しい経営指標について、Kaplan と Norton は、はじめてバランスト・スコアカードを取り上げた論文の冒頭で次のように述べている。「ROI（return on investment：投下資本利益率）や EPS（earnings per share：1株あたり利益）といった伝統的な財務会計の指標は、業務改善や今日の競争の激しい環境の中で必要とされてくる継続的な業務改革およびイノベーションを行っていくうえで、誤った判断を与えてしまうことがある。伝統的な財務指標は、工業化の進展した時代には適切なものであったが、今日のように企業がスキルや知識を身につけていこうとする時代には有効といえない」（Kaplan and Norton, 1992, p. 71）。バランスト・スコアカードは、こうした時代変化に対応したものである。

　バランスト・スコアカードの長所は、過去の事業活動の成果を示す財務指標だけでなく、経営トップが自社の業績を迅速かつ総合的な視点から見ることができる指標を含んでいる点にある。具体的には、従来の財務指標に加えて、顧客満足度や企業内部のビジネス・プロセス、および組織の改善・改革などのオペレーションの成果に関する評価指標が使われている。Kaplan と Norton の言葉を借りれば、企業経営における「飛行機のコックピットの各種計器の指針盤と指示器」（Kaplan and Norton, 1992, p. 72）に相当するものがバランスト・スコアカードである。今日、バランスト・スコアカードは、当初の財務指標と非財務指標のバランスのとれた業績評価指標という役割に代わって、組織全体を戦略に方向づけ、戦略を実行していく戦略的マネジメント・システムとしての役立ちに重点が置かれるようになっている。

　バランスト・スコアカードの最大の特徴は、典型的な4つの視点（perspective）から企業のビジョンと戦略に基づいた企業の価値創造について、統合的に把握できることにある。4つの視点とは、①財務の視点（Financial Perspective）、②顧客の視点（Customer Perspective）、③内部ビジネス・プロセスの視点（Internal Business Process Perspective）、④学習と成長（Learn-

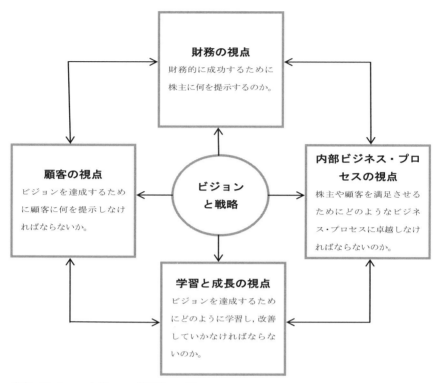

出典:Kaplan and Norton (1996), p. 76.
図2.1 バランスト・スコアカードの基本構造

ing and Growth Perspective) をいう。

　バランスト・スコアカードは、図2.1に示すように、4つの視点が相互に関係を保ち、最終的に財務業績にリンクするような基本構造を持っている。このように構造化された指標は、今日、経営者が、戦略目標を達成するために、同時に測定・管理しておかねばならない重要な複数の指標に注意を傾けるのに役立つとされている。

2.1.2　戦略実行に有効なマネジメント・システム

　Kaplan and Norton (2001) によれば、彼らがバランスト・スコアカードを

第 2 章　インタンジブルズに基づく価値創造プロセスのフレームワーク

最初に発表したときの目的は、業績測定問題を解決することにあった。業績測定問題とは、伝統的な財務尺度ではインタンジブルズ（技術、コアコンピタンス、従業員のモチベーション、データベース、効率的で反応のよい業務プロセス、顧客との良好な関係など）に基づく企業の価値創造活動を適切に測定できないということを意味している（Kaplan and Norton, 1992, p. 75）。

KaplanとNortonは、この業績測定問題を解決する方法としてバランスト・スコアカードを提案した。しかし彼らは、その後バランスト・スコアカードを導入した企業が、業績の測定よりもはるかに重要な問題を解決する目的でバランスト・スコアカードを利用していることを知ることになった。業績測定問題より重要な問題とは、新しい戦略をいかに実行するかという問題である。バランスト・スコアカードを導入した企業は、ビジネス・ユニット、シェアードサービス・ユニット、チーム、個人を全体的な組織目標に方向づけるためにバランスト・スコアカードを利用していた。企業におけるビジョンや戦略の策定、およびそれに伴う資源配分は、トップダウンで実施されることが多い。これに対し、戦略の実行を担っているのは現場の第一線である。したがって企業のトップは、戦略の実行に的を絞り、バランスト・スコアカードを使って、現場のチーム・ユニットや個人に対し戦略への方向づけを行うようにした。現場に対して、戦略に方向づけられた仕事を学習させることで、業務プロセスの改善を期待したのである。この点について、KaplanとNortonは、「その結果、全体はまさに部分の合計以上になった」（Kaplan and Norton, 2001, p. viii）と述べている。

KaplanとNortonは、戦略について、企業が価値を創造するためのユニークで持続可能な方法であると定義している。さらに、戦略は変化するが、戦略を測定するためのツールがその変化に追いついていないことを指摘している。これは、工業経済社会は、有形資産で価値を創造し、それを財務指標で測定してきた。しかし、知識経済社会は、無形の資産で価値を創造するが、そのための測定ツールが開発されていないという指摘である。このため、企業は新しいタイプのマネジメント・システムを必要としており、戦略をマネジメントするた

めに設計された新しいシステムとして、バランスト・スコアカードを位置づけている。

2.1.3 戦略の可視化とインタンジブルズの位置づけ

　戦略をマネジメントするには、戦略を可視化することが必要である。Kaplan and Norton（2004）が提案した戦略マップは、戦略を可視化できるツールである。Kaplan and Norton は、戦略マップが必要となる理由として、インタンジブルズが競争優位の源泉となったにもかかわらず、インタンジブルズの実態や、それが生み出す価値について明確に記述できるツールがなかったことを挙げている。戦略マップは、企業が戦略目標や経営資源（企業文化や従業員が持つ知識などのインタンジブルズを含む）をどのように財務上の成果に変えていくのかを示す地図のようなものである。企業が創造する価値は、個々のインタンジブルズそのものにあるのではなく、企業の資産全体と個々の資産とを結びつける戦略から生まれるという考えによって、戦略マップが誕生したのである。

　このことに関連して、Kaplan and Norton（2001）は、インタンジブルズそれ自体はほとんど価値を持つものではなく、その価値は一貫した結合性と戦略との適合性から引き出されるという考え方を明確に打ち出している。戦略マップは、戦略を記述するための論理的で包括的なフレームワークであって、いかにしてインタンジブルズを有形の財務上の成果に変換するかを可視化して示すことができるツールである。戦略マップには、学習と成長の視点のインタンジブルズを、内部ビジネス・プロセスの視点を通じて、顧客の視点、および財務の視点の成果へと変換していくプロセスを記述する。

　戦略マップの作成は、従業員に求められる知識やスキルなど学習と成長の視点の向上にも役立つ。学習と成長の視点が充実すれば、戦略の実行力と業務プロセスの効率性を高めることができる。さらに、戦略の実行力と業務プロセスの効率性が高まれば、市場に提供する自社ならではの顧客価値、およびそこから最終的に導き出される株主価値（財務業績）を読みとることができる。

第 2 章　インタンジブルズに基づく価値創造プロセスのフレームワーク

これらのことから、バランスト・スコアカードおよび戦略マップにおけるインタンジブルズは、インタンジブルズを相互に結びつけ、事業戦略達成のための戦略目標と関連づけて理解することが必要と考えられる。学習と成長の視点のインタンジブルズが内部ビジネス・プロセスを改善し、顧客の満足度やロイヤリティを向上させ、最終的には株主価値を高めていく基盤として位置づけられている。

2.1.4　価値創造プロセス

バランスト・スコアカードは、企業が価値創造のために戦略を実行するためのフレームワークを提供している。フレームワークの重要な要素が4つの視点である。4つの視点は、図2.2のような因果関係で結ばれている。

財務の視点は、利益最大化という企業の究極的な目標を示すものである。財務の視点には、長期的目標としての収益増大と短期的目標としての生産性向上という2つの戦略目標が設定されている。また、この2つの戦略目標の均衡点という形で株主価値の増大という企業の最終的な目標が置かれている。収益増大の具体的な評価尺度は、収益を得る機会の拡張を評価する指標（新しい収益源としての新製品、新市場、新ビジネス・パートナーなどの開発）、および顧客価値の向上を評価する指標（既存顧客によって得られる収益性の改善）の2つに大別される。他方、生産性向上の具体的な評価尺度としては、原価構造の改善指標（現金支出原価の低減、仕損の排除、歩留まり率の向上など）と、資産の有効利用度の指標（既存資産のキャパシティ、ボトルネックを解消するための追加投資など）が設定される。

財務の視点における収益増大という戦略目標を実現するためには、顧客の視点において、企業がターゲットとする顧客に対して、差別化した持続的な価値をどのように提供するのかを示した価値提案が必要となる。価値提案とは、顧客が製品やサービスに対して望む便益を提供することを意味している。たとえば、優れた品質を持った製品やサービスを低価格でタイムリーに提供すること、既存製品とサービスの性能や品質を望ましいレベルにまで向上させるこ

51

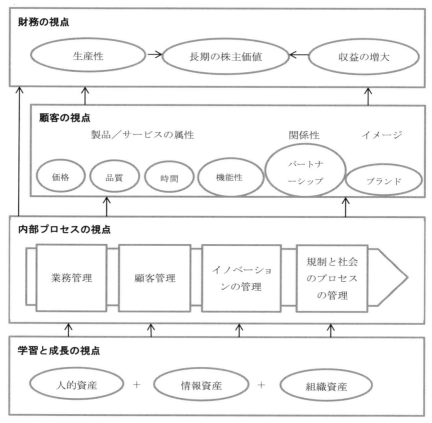

出典：Kaplan and Norton (2004), p. 31.
図2.2　戦略マップによる価値創造プロセスの基本フレーム

と、最高のトータル・ソリューションを提供すること、顧客の他社への乗り換えを防止するためスイッチング・コストを高くしたりする施策を採用すること、などが価値提案である。

　内部ビジネス・プロセスの視点は、実際に企業価値を創造する場である。財務の視点は企業が戦略を実行した経済的帰結であり、顧客の視点は財務の視点の戦略目標を達成するためにターゲットとした顧客に対する価値提案を示したものである。これに対し、内部ビジネス・プロセスの視点は、企業が戦略を実

第2章　インタンジブルズに基づく価値創造プロセスのフレームワーク

行するうえで、2つの重要な役割を果たすことになる。その1つは、顧客に対する価値提案を創造し、それを提供することである。すなわち、顧客の視点における戦略目標の達成とそれに基づく財務の視点の収益増大に貢献することである。もう1つは、財務の視点における生産性向上に対する貢献である。内部ビジネス・プロセスの視点は、①業務管理、②顧客管理、③イノベーション、④規制と社会、の4つのプロセスで構成される。

　内部ビジネス・プロセスの視点における企業の価値創造活動を支えるのが学習と成長の視点である。学習と成長の視点では、人的資産、情報資産、組織資産といったインタンジブルズをいかに開発し、蓄積していくかが戦略目標および評価指標となる。

　インタンジブルズが持続的な企業の価値創造にとって決定的に重要な要因になってきたことは、これまで述べてきたとおりである。しかし、インタンジブルズは形がなく、目に見えない。また、インタンジブルズの定義も研究者の見解が一致していない。このことはインタンジブルズを企業が管理することの難しさを物語っている。バランスト・スコアカードの学習と成長の視点は、こうした難問に対して、インタンジブルズを戦略に方向づけることによって、その管理を行っていくことを意図したものである。それは、KaplanとNortonの「企業のすべての無形の資産が相互に、また有形資産および戦略に方向づけられるときに、最大の価値が生まれる」（Kaplan and Norton, 2004, p. 30）という言葉に象徴される。

　KaplanとNortonは、インタンジブルズについて、①人的資産（従業員のスキル、知識、体験など）、②情報資産（システム、データベース、ネットワークなど）、③組織資産（組織文化、リーダーシップ、チームワークなど）、の3つに分類している。また、この3つのインタンジブルズの構築、開発は、企業にとっての戦略目標であり、内部ビジネス・プロセスの戦略目標に方向づけられ、かつ統合されなければならないとも述べている。すなわち、インタンジブルズは、戦略に方向づけられてはじめて価値を持つものであり、他のインタンジブルズと関係づけられ統合されることによって、企業の価値創造の重要な要

53

素となりうるのである。

2.2　知的資本報告書およびガイドラインの価値創造プロセス

インタンジブルズについては、そのオンバランス化や認識・測定・開示の方法に関する研究が、主として財務会計の領域から行われてきた。そうした取り組みの多くは、1990年代から2000年代にかけて実施されたインタンジブルズの情報開示を目的とした知的資本報告書のモデル研究、あるいは報告書作成のためのガイドライン研究として結実している。その代表的なものがEdvinssonとMaloneによるスカンディア・ナビゲーターと呼ばれる知的資本報告書、EUのMERITUMおよびPRISMと略称されるプロジェクトの成果、およびデンマーク知的資本報告書ガイドラインである。

2.2.1　スカンディア・ナビゲーターの価値創造プロセス

スカンディア・ナビゲーターは、保険業を営むスカンディア社（スウェーデン）が刊行した知的資本報告書の名称である。これは同社の財務担当役員であるEdvinssonによって開発されたもので、世界初の本格的な知的資本報告書として知られている。また、その後のEUが中心となりヨーロッパ諸国で取り組まれた知的資本報告書プロジェクトの参考モデルにもなっている。

スカンディア・ナビゲーターは、企業の簿価と市場価格（株式時価総額）との差が知的資本（intellectual capital）であるというEdvinssonの考え方を前提にしたものである。スカンディア社は、企業の価値はビジネスのビジョンとそれを踏まえた戦略の実行によって持続可能な価値を生み出す能力にあり、この価値創造を実現させる能力を持ったものが知的資本であるという理念を掲げた。また、知的資本とは、スカンディア社に利益をもたらすような知識、応用のきく経験、組織が有するテクノロジー、顧客との良好な関係、および専門的な技術などを所有することであると定義した。さらに知的資本の価値は、これらの無形のものを、企業の財務上の利益にどれだけ結びつけることができるか

第2章　インタンジブルズに基づく価値創造プロセスのフレームワーク

にかかっているという認識を示した。

　次にスカンディア社は、①財務、②顧客、③プロセス、④革新と開発、⑤人的資源、の5つの領域に焦点を絞り、それぞれの焦点における業績を測定する主要な指標についての検討を行った。その結果を踏まえて上記の5つの焦点を構造化させ、企業経営の全体的な視点に立った知的資本報告書モデルをスカンディア・ナビゲーターと呼ぶことにした。

　このような経過を経て、スカンディア・ナビゲーターの記念すべき第1号は、1995年5月、『目に見える知的資本（Visualizing Intellectual Capital）』と題して、スカンディア社の1994年度アニュアルレポートの付録として刊行された。スカンディア社の当時 CEO であった Wolrath は、スカンディア・ナビゲーターを評して、「知的資本を指標化し、バランスのとれた報告を行うことは、工業化時代から情報化時代への移行のうえで重要なマイルストーンとなる。この幅広くバランスのとれた会計手法や報告手法は、知的資本を財務的資本へ変換する会社の実力・潜在能力を、より体系的に表してくれる」（Edvinsson and Malone, 1997, pp. 17–18）という言葉を残している。

　スカンディア社の知的資本は、①人的資本と②構造的資本の2つから構成される。人的資本とは、スカンディア社の従業員一人ひとりが持っている業務を行うための知識、技術、革新性、能力などを組み合わせたものである。人的資本には、スカンディア社の企業としての価値観、文化、理念なども含まれる。人的資本は、従業員から借りているものであり、企業が所有することは本質的に不可能であるとされている。

　これに対し、構造的資本は、従業員の生産性を支援するための組織の能力を表したものである。この中には、スカンディア社が持っているハードウェア、ソフトウェア、特許や商標、データベースなどに組織構造を加えたすべての組織の能力が含まれている。顧客資本や顧客との関係も構造的資本に含まれる。人的資本が企業として所有することができないものであるのに対し、構造的資本は、従業員が帰宅した後でもオフィスに残されているもの、すなわち、企業が所有できるものである。また、構造的資本は、企業間での取引も可能であ

55

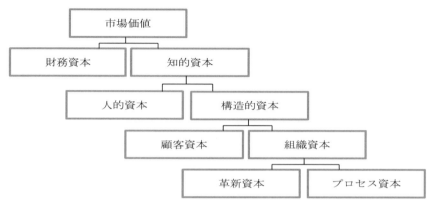

出典:Edvinsson and Malone(1997), p. 52.
図2.3 スカンディア・ナビゲーターの知的資本の分類

る。

　スカンディア・ナビゲーターは、知的資本の価値を正確に測定し、実用的な形で提示することができる報告システムとして開発された。スカンディア・ナビゲーターにおける知的資本の価値は、市場価値(株主時価総額)と財務資本の価値(簿価)との差を計算することによって測定される。また、構造的資本は知的資本と人的資本の価値との差を求めることによって測定される。さらに構造的資本は前述した5つの焦点に合わせた形に細分され、各々の価値が、同様の方法で差を求めることによって測定できるように設計されている(図2.3)。

　図2.3の顧客資本とは、文字どおり顧客に関する資本である。組織資本は知識の伝達システムなど組織の持つ体系化された能力のことである。プロセス資本には業務のプロセスや技術、従業員の教育プログラムなどが含まれる。革新資本には、商標などの知的財産権をはじめ、ビジネスを展開していくときの独自の方法なども含まれる。

　スカンディア・ナビゲーターは、①財務焦点、②顧客焦点、③プロセス焦点、④革新・開発焦点、⑤人的焦点、という5つの焦点(focus)のうち、顧

第2章 インタンジブルズに基づく価値創造プロセスのフレームワーク

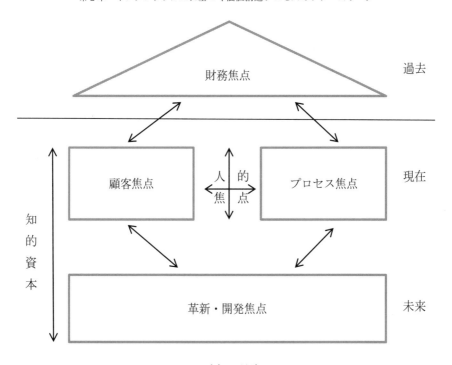

出典：Edvinsson and Malone（1997），p. 68.
図2.4 スカンディア・ナビゲーターの価値創造プロセス

客焦点、プロセス焦点、革新・開発焦点、人的焦点の4つの知的資本が、最終的に財務の焦点における企業価値の創造に影響を与える構造になっている。これがスカンディア・ナビゲーターの価値創造プロセスの基本形である（図2.4）。

図2.4に示すように、スカンディア・ナビゲーターの価値創造プロセスは家に似た形をしている。価値創造プロセスの中で、伝統的会計手法が過去を表現するためのツールであるのに対し、知的資本は未来をナビゲート（操縦）するためのツールと位置づけられる。スカンディア・ナビゲーターの価値創造プロセスは、先に述べた人的資本と構造的資本という知的資本のタイプ分類とは異

57

なる。スカンディア・ナビゲーターは、財務焦点（過去の業績であり、特定の瞬間に企業がどこに位置したかを正確に測ったもの）、顧客焦点（顧客資本を測定するもの）、プロセス焦点（構造的資本の大部分を測定するもの）、革新・開発焦点（構造的資本の一部を測定するもの）、人的焦点（ほかの４つのすべての焦点と接している組織の心臓部で知性・魂を持った存在）の５つで構成されている。なお、これらの５つの焦点は、前節で紹介したバランスト・スコアカードの４つの視点を参考にしたといわれているように、スカンディア・ナビゲーターは、バランスト・スコアカードとよく似た構造になっている。

2.2.2 MERITUM ガイドラインの価値創造プロセス

EU の MERITUM[1] プロジェクトは、2002 年１月、知的資本報告書ガイドラインを公表した。このプロジェクトは、スカンディア・ナビゲーターのように実務家によって取り組まれてきた知的資本報告書を踏まえた国家横断的なプロジェクトである。

MERITUM プロジェクトは、デンマーク、フィンランド、フランス、スペイン、ノルウェー、スウェーデンの９つの大学および研究機関による学術共同プロジェクトとして 1998 年に取り組みが開始された（古賀，2012）。古賀によれば、プロジェクト発足の目的は、科学やテクノロジー分野での政策形成能力を促進することによって、EU としてナレッジ型経済への準備をしておくことにあった。その背景として、ナレッジ型経済への移行とそれに伴うビジネスモデルの変化、伝統的財務報告の限界と新たな測定モデルの構築の必要性、無形財のマネジメントとレポーティングのためのガイドラインの設定要請などがあったという。また、当時の研究課題として、インタンジブルズの分類およびそのマネジメントコントロール・システムのあり方、インタンジブルズと資本市場（株価）との関係、知的資本報告書のガイドラインの構築などが挙げられ

---

1) MERITUM とは、MEasuRing Intangibles To Understand and improve innovation Management というプロジェクト名称の略称（上記の大文字をつなげたもの）である。

第2章　インタンジブルズに基づく価値創造プロセスのフレームワーク

ていた。古賀は、このプロジェクトについて、北欧諸国を中心とした無形財の戦略的マネジメントとレポーティングのあり方を究明し、そのモデル化を試みた画期的な取り組みであると評している。

　MERITUM のガイドラインの特徴は、企業の価値創造の決定要素であるインタンジブルズの認識・測定・開示のための一般的なフレームワークを提供するとともに、その開示と情報内容の基準を明示している点にある。MERITUM ガイドラインの目的は、経営の効率を増加させ、資本の提供者たちが投資の機会に関係した将来の便益とリスクを効果的に見積もることができるタイムリーな報告書の作成・開示のプロセスを手助けすることにあった。

　MERITUM ガイドラインは、知的資本を①人的資本、②構造的資本、および③関係的資本の３つに分類している。人的資本は、従業員が企業を離れたときに彼らと一緒に持って行ってしまうような知識、すなわち人々の持つ知識、技術、経験、能力をいう。これは、前述のスカンディア・ナビゲーターにおける人的資本と同じ考え方である。たとえば、イノベーション能力、創造性、ノウハウ、経験、チームワーク能力、従業員の柔軟性、あいまいさへの耐性、モチベーション、満足度、学習能力、忠誠心、正式な教育訓練などが人的資本に含まれる。

　構造的資本は、その日の仕事が終わっても企業内に残っている知識のことである。組織的なルーチンワーク、仕事の手順、システム、組織文化、データベースなどで構成される。たとえば、組織の柔軟性、文書サービス、ナレッジセンターの存在、IT の一般的な利用、組織の学習能力などが構造的資本である。

　関係的資本は、企業と顧客、サプライヤー、研究開発のパートナーなどとの関係とリンクしているすべての資源のことである。企業とステークホルダー（投資家、債権者、顧客、サプライヤーなど）との関係に加えて、人的資本や構造的資本の一部、およびステークホルダーが企業に対して持っている認識（知覚）も含まれる。たとえば、企業イメージ、顧客、忠誠心、顧客満足度、サプライヤーとの関係、販売力、銀行などへの交渉力、環境行動能力なども関

表 2.1　インタンジブルズの静的概念と動的概念

静的概念	経営資源としてのインタンジブルズ	
	広義の資産	技術
動的概念	インタンジブルズの構築活動		
	インタンジブルズの開発・獲得。	インタンジブルズの価値の拡大。	インタンジブルズの評価・モニター。

出典：MERITUM（2002），p. 12.

係的資本である。スカンディア・ナビゲーターでは構造的資本としてひとまとめにされていた人的資本以外の知的資本が、MERITUM のガイドラインでは、構造的資本と関係的資本の 2 つに分けられている。

　MERITUM ガイドラインは、インタンジブルズのマネジメントを効果的に行うことが知的資本に対する企業のコミットメントを高めるとして、そのマネジメント・プロセスを重要視している。このためガイドラインは、インタンジブルズに関して、静的概念（経営資源としてのインタンジブルズ）と動的概念（インタンジブルズの構築活動）という 2 つの概念を提示している（表2.1）。

　静的概念である経営資源としてのインタンジブルズは、①広義の資産（知的財産権、商標、データベース、ネットワークなど）、②技術（従業員の能力、ケイパビリティ、競争力など）の 2 つに分けることができる。これらの経営資源としてのインタンジブルズは、測定が可能なインタンジブルズとされている。それに対し動的概念であるインタンジブルズの構築活動には、①新しいインタンジブルズを開発・獲得する活動、②既存インタンジブルズの価値を高める活動、③上記 2 つの活動を評価・モニターする活動、の 3 つがある。

　経営資源としてのインタンジブルズ、およびインタンジブルズの構築活動は、重要なインタンジブルズ（たとえば従業員の能力（人的資本）、知的財産権（構造的資本）、顧客満足度やサプライヤーとの合意（関係的資本）などのキードライバー）の創造と改善に役立つとされている。MERITUM ガイドラインにおける重要なインタンジブルズとは、バランスト・スコアカードにおけ

第2章 インタンジブルズに基づく価値創造プロセスのフレームワーク

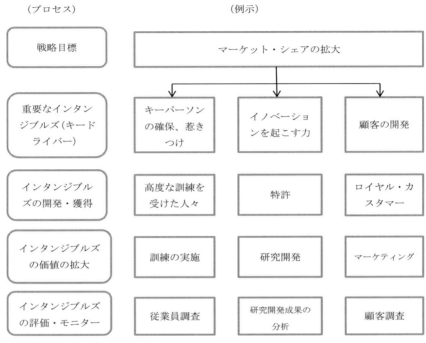

出典：MERITUM（2002），p. 16.
図2.5　MERITUMのマネジメント・プロセス

る学習と成長の視点に近いものと考えられる。それは、経営資源としてのインタンジブルズ、およびインタンジブルズの構築活動が、重要なインタンジブルズ（キードライバー）を創造・獲得・改善し、さらに戦略目標を達成していく基盤的な役割を果たすものと位置づけられているからである。

　重要なインタンジブルズを開発するためのマネジメント・プロセスを例示したものが図2.5である。これがMERITUMのガイドラインにおける価値創造プロセスのベースになっていると考えられる。

　MERITUMガイドラインが示している知的資本報告書モデルは、上記のインタンジブルズのマネジメント・プロセスを示したものである。知的資本報告書は次の3つのパートで構成される。このモデルが価値創造プロセスに相当す

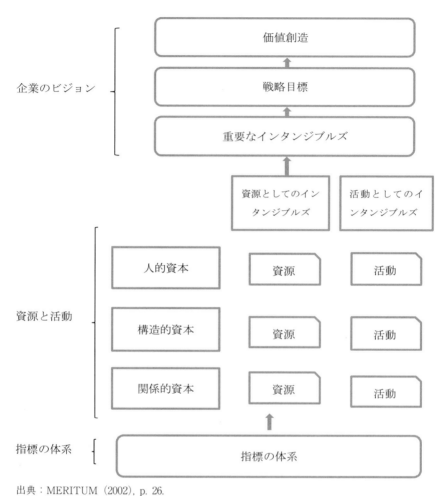

出典：MERITUM (2002), p. 26.

図 2.6　MERITUM の知的資本報告書モデル（価値創造プロセス）

第 2 章　インタンジブルズに基づく価値創造プロセスのフレームワーク

る。

① 企業のビジョン

② インタンジブルズの資源および活動（サマリー）

③ インタンジブルズの資源と活動の指標体系

企業のビジョンは、インタンジブルズのマネジンメントの実践にあたっての
スタート地点である。このパートでは、組織のミッションや戦略目標が決定さ
れる。企業は、自社がどのポジションにいるのか、どの方向に行こうとしてい
るのか、何にチャレンジするのか、インタンジブルズを活用して何を得て、何
をしなければならないのかといった問いへの回答を明示しなければならない。

無形の資源と無形の活動に関する箇所は、戦略目標に関係する特定のインタ
ンジブルズ（主要な要素やキードライバー）を確定し、インタンジブルズの活
用に関する具体的方策について説明する役割を担っている。ここではとくに、
人的資本、構造的資本、関係的資本の 3 つの要素の相互関係およびインタンジ
ブルズの資源と活動のハイライト（目玉）となる内容を記述することになる。

2.2.3　PRISM プロジェクトの価値創造プロセス

PRISM[2] プロジェクトの目的は、経済学やインタンジブルズの測定などに関
する先進的な知識を創造し、競争的な経済の成長を促すための政策提言を行う
とともに、その普及啓蒙を行うことにあった。EU では、2000 年にインタンジ
ブルズに関する有識者による研究プロジェクトが開始された。参加したのは、
イギリス、イタリア、スペイン、デンマーク、オランダ、アイルランド、ス
ウェーデンの 7 カ国の 8 研究機関である。

通商白書（2004）によれば、PRISM プロジェクト[3] は、具体策は必ずしも
多くないものの、知的資産に関して幅広い政策領域をカバーした包括的な提言

---

2) PRISM は、Policy-making, Reporting and measuring, Intangibles, Skills develop-
　 ment, Management の大文字をつなげた EU のプロジェクトの略称である。

3) PRISM プロジェクトは、インタンジブルズの情報開示を目的としたものではないが、
　 インタンジブルズを含めた価値創造に言及しているため、論点比較に加えている。

を行ったものであるという。PRISM プロジェクトは、経済的な価値や富の源泉について、企業が財を生産することではなく、知的資産を創造・獲得・利用することにあるという新しい企業像をはじめに提示している。企業は、その企業固有の知的資産、すなわち他の企業がまねすることができない能力や資産を持つことが必要不可欠な状況になってきたという時代変化の認識が示されている。

次に、こうした変化に対応するため、企業の生産活動における価値創造の源泉を把握し、適切な評価を行うことの必要性が指摘されている。たとえば、研究開発のようなイノベーションを促進する創造的な活動については、投資活動として認識すべきである。同様に、従業員に対する教育訓練や技能開発のような活動についても、将来的には富を創造する投資活動とするべきである。このためには、現在の会計システムで開示されている財務情報を把握するだけでは不十分である。また、これまで多くの機関から提案されてきた知的資産の評価方法や開示手段についても包括的なフレームワークを構築するまでには至っていない。

こうした現状分析を踏まえ、PRISM プロジェクトは、国レベルおよび企業レベルでの知的資産に関する統計情報の整備に関して、技術や知識に対する的確な評価と情報開示への取り組みが必要であるという提言をしている。そのほかサービス業における研究開発投資の評価方法の確立、知的財産戦略の継続的な促進、中小企業金融政策における知的資産の位置づけなどに関しても提言を行っている。

PRISM プロジェクトは、知的資産について、①無形財 (intangible goods)、②無形コンピタンス (intangible competences)、③潜在能力 (latent capabilities) の３つに分類している (Eustace, 2003, p. 13)。無形財は、知的財産権や契約上の権利のように物的・法的に把握が可能なものである。無形コンピタンスは、成文化された企業に所有権のある能力全般をいう。潜在能力は、無形コンピタンス以外のもので、成文化することも企業が所有することも難しい従業員のコンピタンスやリーダーシップなどの能力のことである。

第 2 章　インタンジブルズに基づく価値創造プロセスのフレームワーク

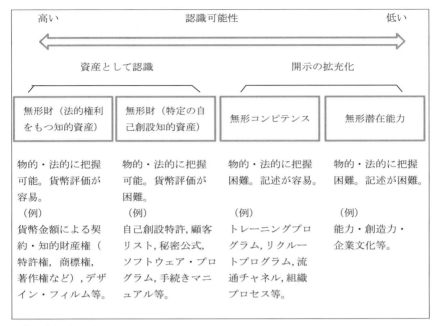

出典：古賀（2012），p. 89。
図 2.7　知的資産の認識可能性の連続帯モデル

　古賀（2012）は、PRISM プロジェクトにおける知的資産の分類に関して、相対的に認識しやすいものから困難なものへ 3 つに類型化されているとして、「知的資産の認識可能性の連続帯」という表現を使って説明している。古賀ははじめに、無形財について、法的権利をもつ知的資産と特定の自己創設による知的資産との 2 つに分ける。そのうえで、資産として認識すべき無形財と開示の拡充を必要とする無形コンピタンスおよび無形潜在能力について、知的資産を認識可能性の高低に応じた連続帯モデルとして提示している（図 2.7）。
　Holtham と Youngman によれば、PRISM の価値創造プロセス[4]は図 2.8 の

4）　PRISM プロジェクトの価値創造プロセスについては、プロジェクトの最終報告の原典を入手することができなかった。そのため、このプロジェクトに関わった研究者の論文をもとに論点を整理した。

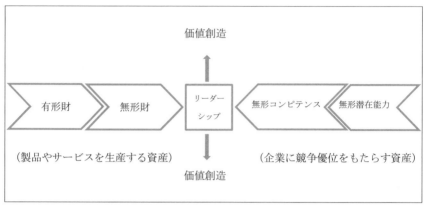

出典:Holtham and Youngman (2002), p. 6.
図2.8　PRISMプロジェクトの価値創造プロセス

ような考え方をとっている(Holtham and Youngman, 2002, p. 6)。PRISMは、①製品やサービスの創造に直結した資産と、②企業に競争優位をもたらす資産という2つの流れによる価値創造プロセスを想定している。製品やサービスの生産に直結した資産とは、有形財はもちろんのこと、これに前述の分類による資産として認識可能な無形財を加えたものである。他方、競争優位をもたらす資産とは、認識することが困難な無形コンピタンスと無形潜在能力を組み合わせたものである。この2つの資産をいかに編成し、マネジメントして価値を創造するかという役割を果たすのがリーダーシップ(リーダーの能力)である。

2.2.4　デンマーク知的資本報告書ガイドラインの価値創造プロセス

デンマークでは、MERITUMプロジェクトとほぼ同時期に貿易産業庁が中心となり、同国企業17社の参加を得て、1998年に知的資本報告書ガイドライン作成プロジェクトを開始した。その成果は、*A Guideline for Intellectual Capital Statements—A Key to Knowledge Management*(『知的資本報告書ガイドライン―ナレッジマネジメントへの手引き』)(2000年11月)と *Intellectual*

Capital Statement—The New Guideline（『知的資本報告書—新ガイドライン』）（2003年3月）という2つのレポートとして公表された。

　デンマークは、各企業が有する知的資産を定性的かつ定量的に評価するため、世界に先駆けて知的資本報告書の開示についての法制化を行った。それが2000年に制定されたデンマーク財務諸表法（The Danish Financial Act）である。この法律は、知的資本報告書の開示を義務づけたものではないが、知的資本が将来の企業収益に対してとくに重要な位置を占めるようになった場合、大企業は年次報告書においてこれを記載するべきであることを定めたものである。当時デンマーク政府は、企業が知的資本報告書を作成する場合を想定して、実践的なガイドラインが必要との認識を強めていたのである。

　ガイドライン（2000）は、知的資本報告書作成の意義について次の2点を挙げている。第1は、企業の経営者は知的資本報告書を作成することで知的資産を言語化し、知的資産を体系的に認識・評価して、最終的に知的資産を活用した競争戦略を構築することができるという点である。これは、マネジメント・ツールとしての知的資本報告書の意義と考えられる。第2に、経営者は知的資本報告書を従業員・顧客・投資家・金融機関等のステークホルダーに提示することで、自社がステークホルダーに対してどの程度の価値を提供できるかを伝えることができるという点である。これは、情報開示の手段としての知的資本報告書の意義といえよう。このようにデンマーク知的資本報告書ガイドラインは、企業のナレッジマネジメント戦略の策定・実践と、それに関する外部向けの報告書を作成するための指針としてまとめられたものである。その背景には、新しい知識を獲得・所有・活用する能力が企業の競争力の決め手となる知識社会やグローバルな知識経済の到来といった時代認識があった。

　知的資本報告書についてガイドライン（2000）は、ナレッジマネジメントを体系的かつ包括的に実行する機会を明示的に提供するものであり、企業の戦略的なナレッジマネジメントの一部分を担うものと位置づけている。たとえば知的資本報告書は、新製品開発の促進、ビジネス・パートナーとの関係強化、生産過程における新技術の使用などを保証する手助けとなることが期待されてい

る。ナレッジマネジメントが、多くの企業において避けて通ることのできない課題であるというのが当時のデンマーク政府の認識であったといえよう。

　ガイドライン作成のプロジェクトに参加した17の企業は、期間内に2組からなる知的資本報告書を作成することを義務づけられた。それは、報告書作成にあたって企業が経験する様々な出来事こそ最も得難いものであり、それがナレッジマネジメントの実践に役立つという考えに基づいたものであった。したがって、ガイドライン作成の狙いは、知的資本報告書の最終的なモデルを提示することではなく、各社がナレッジマネジメントの実践に役立つような報告書作成の経験を得ることにあったのである。ガイドラインは、知的資本報告書を実践レベルでどのように活用すべきか、知的資本報告書を外部報告用の出版物としてどのように作成したらよいのか、ということについて推奨すべき方法の提示に重点を置いて作成された。

　ガイドライン（2000）は、企業がガイドラインを活用することのメリットとして次の5点を挙げている。すなわち、①知識資源のマネジメント・ツール、②知識を共有する組織文化の創造、③内外のコミュニケーションの活発化、④従業員の採用、⑤顧客とのコミュニケーションの改善、である。このように、ガイドライン（2000）は、ナレッジマネジメントの実践面に着目し、知的資本報告書を活用するメリットを強調しているところに特徴がある。

　ガイドライン（2000）は、知的資本報告書とは何かについての簡潔な解説で始まる。次いで知的資本報告書の作成に必要な項目、すなわち企業の知識資源のマネジメントにおいて鍵となる必要事項と優先順位づけのプロセスが順を追って説明されている。とくに注目すべき点は、企業のナレッジマネジメント戦略を記述するナレッジ・ナラティブ（知識の物語）について、その内容や作成方法について述べているパートである。続けて、ナレッジ・ナラティブをマネジメントの課題（マネジメント・チャレンジ）として具体化する方法が示されている。この2つがデンマークのガイドラインの特徴といえよう。

　さらにガイドラインは、マネジメントの課題をどのように具体的な活動計画や評価指標に展開していくべきかについても示唆を与えている。最後に外部報

第2章 インタンジブルズに基づく価値創造プロセスのフレームワーク

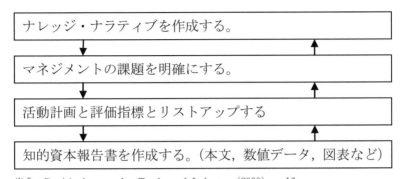

出典：Danish Agency for Trade and Industry (2000), p. 16.
図2.9 知的資本報告書の作成プロセス

告としての知的資本報告書の作成方法が示されている。そこでは、知的資本報告書の作成にあたって想定される課題を例示するとともに、報告書を採用するにあたっての信頼性や会計的な施策についても言及している。ガイドラインの知的資本報告書の作成プロセスは図2.9に示すとおりである。

新しいガイドライン（2003）が提示した知的資本報告書のモデルは、ナレッジ・ナラティブ（Knowledge narrative：知識の物語）、マネジメントの課題（Management challenges）、実施項目（Initiatives）、評価指標（Indicators）の4つのステップで構成されている（図2.10）。第1ステップのナレッジ・ナラティブは、企業が自社の製品やサービスを通じて、どのような価値（使用価値）をどの程度ユーザーに提供し、それぞれの使用価値を高めるためにどの種類の知的資本が必要になるかについて示すものである。その場合企業は、価値創造の目的と手段、および知的資本による価値創造の因果関係などについて、首尾一貫したストーリーによってナレッジマネジメントを体系的に説明することによって、自社の持つ知的資本を明らかにしなければならない。

第2のマネジメントの課題は、ナレッジマネジメントにおける価値創造能力を強化するために、社内における既存の知的資本の充実、および外部からの新しい知的資本の獲得をどの程度行うべきかを示すものである。続く第3ステップの実施項目は、知的資本の充実と獲得のための具体的な行動計画を示したも

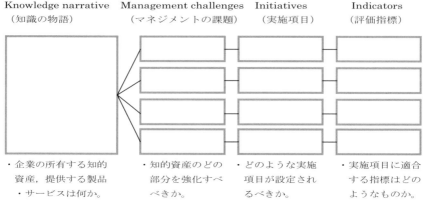

出典:Danish Ministry of Science (2003), p. 13, 経済産業省『通商白書2004』, p. 86.

図2.10 デンマーク知的資本報告書ガイドラインの価値創造プロセス

のである。さらに第4ステップの評価指標は、実施項目に着手したかどうか、マネジメントの課題に基づく実施項目が達成できたかどうかについて、客観的に評価することができる指標を表すものである。こうしたプロセスがデンマークの知的資本報告書ガイドラインの価値創造プロセスである。

デンマークのガイドラインは、以上の4つの要素が相互に関係し合うように知的資本による価値創造について記述していくことを求めている。この作業を通じて、最終的に各要素が首尾一貫した関係を持つ知的資本報告書を企業が作成できるようになることを目的にしている。なおガイドラインにおける知的資本は、①従業員、②顧客、③プロセス、④技術、の4つで構成されている。知的資本報告書は、この4つの知的資本を可視化するためのものと位置づけられている。

2.2.5 知的資産経営の開示ガイドラインの価値創造プロセス

わが国では、2005年、経済産業省が『知的資産経営の開示ガイドライン』を公表した。このガイドラインは、知的資産を活用した経営に関する情報開示の指針として、知的資産経営報告を作成する企業およびそれを評価する者への

参考指針として取りまとめられたものである。

　ガイドラインの目的は、①企業が将来に向けて持続的に利益を生み、企業価値を向上させるための活動について、経営者がステークホルダーにわかりやすいストーリーで伝えること、②その価値創造ストーリーについて、企業とステークホルダーとの間で認識を共有することにある。そのため、経営者の目からみた経営の全体像をストーリーとして示すことを、任意の知的資産経営報告とすることを求めている。また、知的資産経営報告は、新たな報告書を発行してもよいが、アニュアルレポートやサステナビリティレポートなどの既存の開示文書の一部としてもよいとされている。

　ガイドラインは、知的資産経営について、「知的資産経営は、経営の一面というよりも経営そのものであり、利益の追求を基本としつつ、多くのステークホルダーを視野に入れ、自らの有する固有の能力を活かして持続的な利益や発展を目指すことにより、企業価値を高める経営のやり方である」（経済産業省，2005，p. 1）と述べている。また、ガイドラインは、「知的資産は、それぞれの企業に固有のものであり、また、それを組み合わせて活用するやり方が価値を生む力となるものであって、そのやり方を他社が単純に模倣することが困難であるもの」（同上）と位置づけている。

　価値創造プロセスについては、過去の経験と実績を踏まえた分析からスタートし、それを踏まえた将来の価値および利益の創造に向けた経営方針を明確にして、企業の将来的な価値創造の全体像をステークホルダーにわかりやすいストーリーで伝えることを求めている。したがって、わが国のガイドラインには、ヨーロッパの知的資本報告書ガイドラインにみられるような価値創造プロセスのモデルが提示されていない。その理由は、企業の価値創造のストーリーは百社百様であり、ストーリーの優劣を絶対的な尺度で測ることは不可能だとの認識によるものである。

　価値創造ストーリーは、基本的な経営哲学、事業概要、過去の経営方針とビジョン、過去の投資実績、企業に定着した知的資産および価値創造のやり方、知的資産の持続・強化のための投資、将来の利益やキャッシュフローの各項目

で構成される。また、ストーリーを裏づける知的資産指標（定量的情報）を本文中に記載することを求めており、具体的な指標について例示している。

2.3 国際統合報告フレームワークの価値創造プロセス

統合報告については、2011年に、国際統合報告委員会（International Integrated Reporting Committee）がディスカッション・ペーパーを公表して以来、関心が寄せられてきた。2013年になると、国際統合報告評議会（IIRC：International Integrated Reporting Council）がコンサルテーション・ドラフト（2013a）の中で統合報告のフレームワークを提示し、さらに関係者のコメントを踏まえた国際統合報告フレームワーク（IIRC, 2013b）を公表したことによって、統合報告に対する関心が一気に高まった。

国際統合報告フレームワークは、統合報告書の全般的な内容を統括する指導原則および内容の要素を定め、それらの基礎となる概念の説明を目的として公表されたものである。各企業の統合報告書は、このフレームワークに準拠して作成される。その結果、わが国でも200社以上の企業[5]が統合報告書を作成、公表するに至っている。

2.3.1 国際統合報告フレームワークの特徴

国際統合報告フレームワーク（IIRC, 2013b）は、「統合報告書の主たる目的は、財務資本の提供者に対し、企業がどのように長期にわたり価値を創造するかを説明することである。それゆえ、統合報告書には、関連する財務情報とその他の情報の両方が含まれる。」（IIRC, 2013b, p. 7）と述べている。また、統合報告書の利用者について、「統合報告書は、従業員、顧客、サプライヤー、事業パートナー、地域社会、立法者、規制当局、および政策立案者を含む企業の長期にわたる価値創造能力に関心をもつすべてのステークホルダーにとって

5）　宝印刷㈱の調査によれば、224社が統合報告書を作成・公表している（2015年12月末現在）。

第 2 章　インタンジブルズに基づく価値創造プロセスのフレームワーク

有益なものとなる。」(同上) と説明している。

　また、国際統合報告フレームワークは原則主義[6]に基づいている。フレームワークは、特定の主要業績指標 (KPI) や測定方法、個々の課題の開示を強制するものではない。したがって、統合報告の作成者は、重要性のある事象、開示方法、開示する定量的情報および定性的情報などについて自主的に判断を下さなければならないようになっている。

　国際統合報告フレームワークの特徴の 1 つに統合思考という概念がある。統合思考とは、「企業内の様々な事業単位および機能単位と、企業が利用し影響を与える資本との間の関係について、企業が能動的に考えること」という説明がなされている (IIRC, 2013b, p. 2)。さらに「統合思考は短、中、長期の価値創造を考慮した、統合的な意思決定と行動につながる」(ibid.) として、統合思考が企業活動に浸透することが求められている。

　国際統合報告フレームワークのもう 1 つの特徴は、企業が統合報告書を作成する際の基礎となる 3 つの基本概念について述べている点である。フレームワークの基本概念は、①企業に対する価値創造と他者に対する価値創造、②資本、③価値創造プロセスの 3 つで構成されている。

2.3.2　価値創造に対する考え方

　国際統合報告フレームワークは、企業の価値創造について、価値は組織単独または組織の中だけで創造されるものではなく、企業を取り巻く外部環境に影響されるという考え方を提示している。具体的には、株主、顧客、サプライヤー、ビジネス上のパートナー、地域社会などとの相互作用、および財務、製造、知的、人的、社会と関係、自然の各資本の利用可能性を通じて創造されるものであるとの考えを明確に示している。

　したがって統合報告書は、価値創造において重要な要素および要素間の関係

---

6)　原則主義アプローチとは、企業それぞれの状況に大きな違いがあることを認めつつ、情報ニーズを満たすうえで十分な比較可能性を確保するよう、柔軟性と規範性との間で適切なバランスをとることを目的とするものである。(IIRC, 2013b, p. 7)

を測定することによって、従来の報告より広範な実績を説明することができる。とくに統合報告書は、企業の過去・現在・将来の価値創造に関係するすべての資本を明らかにすることによって、企業がそれらの資本をどのように利用し、それらが価値創造にどのように関わっているかを明確にすることができるという。

　国際統合報告フレームワークは、価値創造に影響を与える資本について、財務資本（Financial capital）、製造資本（Manufactured capital）、知的資本（Intellectual capital）、人的資本（Human capital）、社会・関係資本（Social and Relationship capital）、自然資本（Natural capital）の6つに分類している。これらの資本が企業のビジネスモデルにインプットされ、事業活動を通じてアウトプットおよびアウトカムへと変換される。

　財務資本は、企業が製品を生産し、サービスを提供するときに利用可能な借入、株式、寄付などによって調達されるか、あるいは事業活動および投資によって生み出された資金を蓄えたものである。製造資本は、建物、設備、インフラなど製品の生産やサービスの提供にとって企業が利用できる製造物である。なお、製造資本は自然資本とは区別される。

　知的資本は、企業が持つ知識をベースしたインタンジブルズのことで、特許や著作権、ソフトウェア、権利およびライセンスなどの知的財産、システム、業務の手順およびプロトコルなどの組織資本、ブランドや評判などに関連した無形の資産が知的資本に含まれる。人的資本には、従業員の持つ能力、経験およびイノベーションへの意欲などが含まれる。社会・関係資本は、共有された組織の規範、共通の価値観や行動様式、ステークホルダーとの信頼関係や対話の有無、組織が事業を営むことに対する社会的許諾などのことである。自然資本は、商品の製造やサービスの提供時に利用する空気、水、土地、鉱物、森林などの自然資源を意味し、生物多様性や生態系などのシステムもこの中に含まれる。この分類にしたがうと、インタンジブルズは、上記6つの資本のうち、知的資本、人的資本および社会・関係資本の3つに当たると考えられる。

第2章 インタンジブルズに基づく価値創造プロセスのフレームワーク

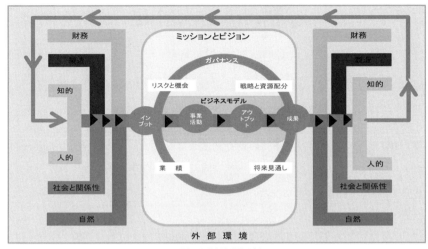

出典：International Integrated Reporting Council（2013b），p. 13.
図 2.11　国際統合報告フレームワークの価値創造プロセス（オクトパス・モデル）

2.3.3　価値創造プロセス

　図 2.11 は、統合報告における価値創造プロセスを表したものである。この図は、たこの足のような形をしているところから通称オクトパス・モデルと呼ばれている。オクトパス・モデルは、企業をとりまく外部環境を背景にして、企業のミッション、ビジョンおよび戦略と先の 6 つの資本との相互関係を示した価値創造プロセスの全体像を示したものである。

　国際統合報告フレームワークは、ビジネスモデルによって企業の価値創造プロセスを説明しようとしている点にある。ビジネスモデルは統合報告の中核概念であり、企業が価値を創造・維持しようと努めるプロセスとして位置づけられている。

　統合報告は、企業がビジネスモデルの主要なインプットを特定することから始まる。たとえば、財務資本について、その具体的な内容として資金調達モデ

ルの概要を提示する。製造資本に関しては、施設や設備の経営効率や効果をどのように高めるかが報告される。知的資本はバランスシート上で捉えることができないものであるが、21世紀のビジネスモデルには不可欠な要素であり、その価値創造能力について説明することが重要になる。人的資本は、企業にとっての最大の資産となり得るものであり、従業員のモラル・意欲、トレーニング状況、人材開発プログラムを通じたスキルの維持などについて述べる。社会・関係資本は、サプライチェーンや地域コミュニティとの関係など外部とのネットワークについて記述する。自然資本は、その利用可能性およびそれを利用する場合の経済性や環境改善に対する取り組みについても必要な説明を行うとされている。

　ビジネスモデルの核になるのは事業活動である。インプットされた6つの資本は、事業活動を通じてアウトプットに変換される。事業活動では、企業が有する専門的なスキルや知識、品質、コスト競争力、技術の優位性などを反映させながら、製品の企画・設計・製造およびサービス提供のための取り組みについて説明する。アウトプットでは、企業の主要製品やサービスが特定される。続くアウトカムでは、事業活動とアウトプットによってもたらされる資本の内部および外部的帰結がポジティブとネガティブの両面から説明されることになる。ポジティブな面とは、資本の純増加がもたらされたことによる価値の創造である。反対にネガティブな面というのは、資本の純減による価値の減少・毀損をいう。

　このように統合報告の核心は、6つの資本によるインプット、事業活動、アウトプット、アウトカムというプロセスで構成される価値創造プロセスを用いて、企業が長期にわたってどのように価値を創造するのかということについて説明することにある。資本とは価値が蓄積されたものである。言い換えれば、インプットされた資本が事業活動に利用されて、アウトプットやアウトカムに変換されることで価値創造が行われるのである。また統合報告における価値が意味するのは、財務資本の変化に直接的に関連する価値だけでなく、外部との関係性などのより広範囲にわたって論じられる価値を含んでいる。これが国際

統合報告フレームワークの価値創造プロセスである。

2.4 各フレームワークの論点比較

　以上、バランスト・スコアカード、スカンディア・ナビゲーター、MERI-TUM および PRISM と呼ばれる EU のプロジェクト、デンマーク知的資本報告書ガイドライン、わが国の知的資産経営のガイドライン、および国際統合報告フレームワークの 7 つの取り組みを取り上げ、①インタンジブルズ構築の狙い、②インタンジブルズの価値創造への役立ち、③インタンジブルズのマネジメントの要点、の 3 つの観点から論点を整理した。表 2.2 は、これらの論点をまとめたものである。

　インタンジブルズ構築の狙いについては、7 つのフレームワークのすべてが、インタンジブルズは企業の持続的な価値創造における競争優位の源泉、ないし価値を生む企業の能力であるという認識で一致している。また、7 つのフレームワークは、インタンジブルズを価値創造プロセスの中に明確に位置づけている。さらに、スカンディア・ナビゲーター、MERITUM ガイドライン、デンマーク知的資本報告書ガイドライン、知的資産経営の開示ガイドライン、国際統合報告フレームワークの 5 つは、インタンジブルズに基づく価値創造に関する情報をステークホルダーに積極的に開示することによって、外部報告を拡充させることができるとの考えが示されている。

　インタンジブルズの価値創造への役立ちについては、どのフレームワークも、インタンジブルズを戦略と関係づけることが強調されている。また、インタンジブルズを有形資産や他のインタンジブルズと結びつけることによって、企業の価値創造能力を高めることができるという考え方が示されている。

　マネジメントの要点についてみると、バランスト・スコアカードは、インタンジブルズと戦略との関係およびインタンジブルズ相互の関係性を強調しており、財務業績との関係は間接的にとらえている。MERITUM ガイドラインは、インタンジブルズ同士の相互関係に着目しつつ、戦略目標を達成することをめ

表2.2 各フレームワークの論点比較表

取り組み		論点1 インタンジブルズ構築の狙い	論点2 インタンジブルズの価値創造への役立ち	論点3 インタンジブルズのマネジメントの要点
	バランスト・スコアカード（BSC） （出典：Kaplan and Norton（2004））	無形の資産を持続可能な価値創造の究極的な源泉と位置づける。 無形の資産を戦略に方向づけることによって戦略目標を達成する価値創造プロセスを可視化する。	（価値創造プロセスモデル） 財務の視点（経済価値） 顧客の視点（顧客への価値提案） 内部ビジネス・プロセスの視点（価値創造） 学習と成長の視点（人的、情報、組織資産）	無形の資産を戦略に方向づけるという戦略との関係を重視 無形の資産相互の関係、無形の資産と有形資産との関係にも着目 無形の資産と財務業績との関係は間接的
知的資本報告書およびガイドライン	スカンディア・ナビゲーター （出典：Edvinsson and Malone（1997））	知的資本を持続可能な価値創造を実現させる企業の能力と位置づける。 企業の将来をナビゲートするツールとして、知的資本報告書を開示する。	（価値創造プロセスモデル） 財務焦点 ↑↓ 顧客焦点⇔人的焦点⇔プロセス焦点 ↑↓ 革新・開発焦点	知的資本と企業のビジョン、戦略の実行との関係を重視
	MERITUM ガイドライン （出典：MERITUM Project（2002））	競争優位の源泉としてのインタンジブルズを認識、測定、管理するためのフレームワークを提供する。 インタンジブルズの開示情報に関する基準を明示する。	（価値創造プロセスモデル） 価値創造 ↑ 戦略目標 ↑ 重要なインタンジブルズ ↑ 無形の資源　無形の活動	インタンジブルズのもつ動的な機能（無形の活動）に着目
	PRISM プロジェクト （出典：Eustace（2003）ほか）	経済的な価値や富の源泉は知的資産を創造、獲得、利用することにあるという、インタンジブルズを価値源泉と位置づけた新しい企業像と評価の仕組みの必要性を提言する。	（価値創造プロセスモデル） 価値創造 ↑ 有形財→リーダー→無形コンピテンス 無形財　シップ　無形潜在能力	インタンジブルズに対する投資活動（研究開発投資、知的財産権の活用など）を重視
	デンマーク知的資本報告書ガイドライン （出典：Danish Ministry of Science Technology and Innovation（2003）ほか）	知識は企業の競争力の決め手となる組織の行動能力、潜在的な力である。 企業が製品やサービスをユーザーに提供することを可能にする知識のマネジメント戦略の策定・実践と、その成果の開示を行う。	（価値創造プロセスモデル） 評価指標（ナレッジマネジメントの評価） ↑ 実施項目（取り組むべき具体的な項目） ↑ マネジメントの課題（強化すべき知的資本） ↑ ナレッジ・ナラティブ （ナレッジマネジメント戦略）	ナレッジマネジメントが企業の理念や戦略をどのように反映しているかに着目
	知的資産経営の開示ガイドライン （出典：経済産業省編（2005））	知的資産は企業価値を高める固有の能力、潜在的な力である。 知的資産の組み合わせによる価値創造（知的資産経営）についての開示を行う。	自社のもつ強みや差別化の源泉を把握したうえで、価値創造の全体像をカスタマイズされた方法で順序立てて示し、ステークホルダーに開示する。（価値創造プロセスは百社百様であるため、モデルの提示はなし） 開示する内容は、基本的な経営哲学、経営方針・ビジョン、価値創造のやり方、知的資産に対する投資、将来の利益やキャッシュフローなどである。	知的資産経営の開示が経営全体の基本的な指針を示すものになるようにするため、企業の基本的な経営哲学（経営理念、目標）の理解と共有を重視
	国際統合報告フレームワーク （出典：IIRC（2013b））	インタンジブルズを価値の蓄積としての資本を構成する要素とする。 事業活動を通じて増幅したり、変換にした資本の変化をベースにした価値創造プロセスを開示する。	（価値創造プロセスモデル） （インプット）　　（アウトプット） 財務資本　　　　　　財務資本 製造資本　　　　　　製造資本 知的資本⇒ビジネス・モデル⇒知的資本 人的資本（変換プロセス）人的資本 社会・関係資本　　　社会・関係資本 自然資本　　　　　　自然資本	組織の戦略が価値創造にどのように影響するかについての明確な情報を提供することを重視

出典：拙稿（2015），p. 39。（MERITUM ガイドラインの文言を一部修正）

第2章　インタンジブルズに基づく価値創造プロセスのフレームワーク

ざしたものである。デンマークの知的資本報告書ガイドラインは、ナレッジマネジメント戦略が価値創造プロセスのベースとなるモデルが示されている。国際統合報告フレームワークは、価値創造プロセスにおいてインタンジブルズと戦略との関係を重視しており、知的資産経営の開示ガイドラインは、戦略を含む経営理念との関係に注目したものである。これらのことから、インタンジブルのマネジメントは、インタンジブルズを戦略と関係づけることがポイントになることがわかる。インタンジブルズを戦略と結びつけることによって、インタンジブルズが価値創造のドライバーになるのである。

　さらに、インタンジブルズ相互の関係に着目して、価値創造のドライバーとなるインタンジブルズを創造し、蓄積することも重要である。インタンジブルズを価値創造のドライバーとして企業の価値創造能力を高めることが、財務業績を向上させ、それがビジョンの実現につながっていくのである。このように、インタンジブルズと戦略との関係、インタンジブルズ相互の関係、および財務業績との関係、といった3つの関係性を十分考慮することが、インタンジブルズのマネジメントの要点になるものと考えられる。

　上記7つのフレームワークの時代的な変遷をみると、バランスト・スコアカードとスカンディア・ナビゲーターは、ともにインタンジブルを価値創造の基盤として位置づけ、インタンジブルズ相互の関係を重視しつつ、最終的に財務業績の向上につながる価値創造プロセスを提示している。MERITUM ガイドラインは、無形の資源と活動が価値創造に直結する重要なインタンジブルズを創造するという考え方を新たに打ち出している。また、PRISM プロジェクトは、価値創造に関係する資産について、製品やサービスを生産する資産（有形財と無形財）と、企業に競争優位をもたらす資産（無形コンピタンスと無形潜在能力）とに分ける考え方を示している。これらの4つのフレームワークは、いずれもインタンジブルズの分類、および価値創造におけるインタンジブルズ相互の関係や財務業績との因果関係を中心に価値創造プロセスを提示している点に特徴がある。

　これに対し、デンマークの知的資本報告書ガイドラインと知的資産経営の開

示ガイドラインでは、インタンジブルズによる企業の価値創造を独自のストーリーとして開示するという考え方が示されるようになった点が注目される。さらに国際統合報告フレームワークは、インタンジブルズを含む6つの資本による価値創造プロセス（オクトパス・モデル）が提示されるに至っている。国際統合報告フレームワークは、価値創造、資本、価値創造プロセスという3つの基本概念をもとに、企業の価値創造に関する情報開示を求めている。この3つの基本概念に準拠した統合報告書は、インタンジブルズの情報開示および戦略策定への情報利用にとって有効な手段と考えられる。

　本章で取り上げたインタンジブルズに基づく価値創造プロセスのフレームワークの研究は、1990年前後にはじまり、相互に影響を受けつつ今日に至っている。インタンジブルズに焦点を絞ると、バランスト・スコアカードの影響を受けたスカンディア・ナビゲーターが、それ以降のMERITUMガイドライン、PRISMプロジェクト、およびデンマーク知的資本報告書ガイドラインに影響を与えている。日本の知的資産経営の開示ガイドインは、こうした知的資本報告書ガイドラインの国際的な動向を踏まえつつ作成されたものである。その後、2000年代後半に入ると、こうしたフレームワークの研究は、進展がほとんどみられなくなった。

　ところが、国際統合報告フレームワークが公表されて以来、統合報告を用いて、インタンジブルズに基づく価値創造プロセスについて考察する機会が再び巡ってきた。国際統合報告フレームワークは、インタンジブルズの情報開示そのものを目的としたものではない。しかし、国際統合報告フレームワークは、長期にわたる企業の価値創造に関する情報をステークホルダーに開示していくことを目的として掲げている。また、価値創造プロセスを構成する6つの資本の中にインタンジブルズが含まれている。さらに、国際統合報告フレームワークは、統合報告を活用したステークホルダーとの対話も想定している。企業は、統合報告を活用したステークホルダー・エンゲージメントを通じて、ステークホルダーからフィードバックされた情報を戦略策定に利用することができる。したがって、国際統合報告フレームワークの基本概念に準拠して作成さ

第 2 章　インタンジブルズに基づく価値創造プロセスのフレームワーク

れた統合報告書は、オクトパス・モデルと呼ばれる価値創造プロセスを通して、インタンジブルズの情報開示と戦略策定への情報利用に十分役立つと考えられる。

まとめ

　本章では、文献研究により、インタンジブルズに基づく価値創造プロセスに関する代表的なフレームワークを通して、企業の価値創造プロセスにおけるインタンジブルズの役割を把握し、そのマネジメントの要点について考察した。本章で取り上げたフレームワークは、バランスト・スコアカード、5 つの知的資本報告書およびガイドライン（スカンディア・ナビゲーター、MERITUM ガイドライン、PRISM プロジェクト、デンマーク知的資本報告書ガイドライン、知的資産経営の開示ガイドライン）、および国際統合報告フレームワークの合計 7 つである。この 7 つのフレームワークについて、①インタンジブルズ構築の狙い、②インタンジブルズの価値創造への役立ち、③インタンジブルズのマネジメントの要点、の 3 つの観点から論点を整理した。その結果、次の 3 点を確認することができた。

　第 1 に、インタンジブルズ構築の狙いについては、7 つのフレームワークのすべてが、インタンジブルズは企業の持続的な価値創造における競争優位の源泉、ないし価値を生む企業の能力であるとの認識で一致していた。また、7 つのフレームワークは、インタンジブルズを価値創造プロセスの中に明確に位置づけていた。

　第 2 に、インタンジブルズの価値創造への役立ちについては、どのフレームワークも、インタンジブルズを戦略と関係づけることが強調されていた。また、インタンジブルズを有形資産や他のインタンジブルズと結びつけることによって、企業の価値創造能力を高めることができるという考え方が示されていた。

　第 3 に、インタンジブルのマネジメントは、インタンジブルズを戦略と関係

づけることがポイントになることがわかった。インタンジブルズを戦略と結び
つけることによって、インタンジブルズが価値創造および財務業績向上のドラ
イバーになるという考え方である。さらに、インタンジブルズ相互の関係に着
目して、価値創造のドライバーとなるインタンジブルズを創造し、蓄積するこ
とが重要なことも理解することができた。このように、インタンジブルズと戦
略との関係、インタンジブルズ相互の関係、および財務業績との関係、といっ
た3つの関係性を十分考慮することが、インタンジブルズのマネジメントの要
点になるものと考えられる。

　インタンジブルズに基づく価値創造プロセスのフレームワークの研究は、
1990年前後にはじまり、相互に影響を受けつつ今日に至っている。なかでも
国際統合報告フレームワークは、長期にわたる企業の価値創造に関する情報を
ステークホルダーに開示していくことを目的として掲げている。また、価値創
造プロセスを構成する6つの資本の中にインタンジブルズが含まれている。さ
らに、国際統合報告フレームワークは、統合報告を活用したステークホルダー
との対話も想定している。国際統合報告フレームワークの基本概念に準拠して
作成された統合報告書は、オクトパス・モデルと呼ばれる価値創造プロセスを
通して、インタンジブルズの情報開示と戦略策定への情報利用に十分役立つも
のと考えられる。

第3章 統合報告におけるインタンジブルズ
と価値創造プロセスの可視化
―アウトサイドイン・アプローチの視点から―

はじめに

　本章の目的は、情報開示のアウトサイドイン・アプローチ（法令・制度やガイドラインにしたがった情報開示）の視点から、統合報告におけるインタンジブルズと価値創造プロセスの可視化について考察することである。今日、企業の価値創造において、貸借対照表上に表れないインタンジブルズのウエイトが高まっている。企業は、価値創造の源泉としてのインタンジブルズを特定し、インタンジブルズを自社の価値創造プロセスと関係づけて管理していくことが求められている。そのためには、インタンジブルズをできるかぎり可視化することが必要である。インタンジブルズを可視化する目的は、企業が価値創造の源泉となるインタンジブルズを特定し、それを見える形で示すことで、インタンジブルズに基づく価値創造のマネジメントを効果的に行うためである。

　インタンジブルズについては、研究者によっていろいろな定義や分類が行われている。櫻井（2012）は、Blair and Wallman（2001）にしたがい、インタンジブルズを①知的財産、②オフバランスの無形資産、③無形の資産、の3つに分類している（櫻井，2012，p. 602）。知的財産とは、特許権や商標権など、法的に保護され、貸借対照表に計上されるものをいう。オフバランスの無形資産とは、ブランドやレピュテーションなど企業が支配できるが、貸借対照表上に計上されないものである。また、無形の資産とは、人的資産、情報資産、組

83

織資産など企業の支配が難しいものをいう。本章で取り上げるインタンジブル
ズは、この3つの分類のうち、②オフバランスの無形資産と③無形の資産に含
まれる貸借対照表上に表れない無形の価値源泉をいう。

　また、本章で考察の対象とする統合報告は、国際統合報告評議会（The In-
ternational Integrated Reporting Council：以下、「IIRC」と略記）が、2013
年12月に公表した国際統合報告フレームワーク（The International Inte-
grated Reporting‹IR›Framework）の基本概念（fundamental concepts）に準
拠して作成された日本企業の統合報告書である。国際統合報告フレームワーク
の基本概念が、インタンジブルズを含む6つの資本による価値創造プロセスの
開示を要請していることから、統合報告は、インタンジブルズとそれに基づく
価値創造プロセスの可視化への貢献が期待できる。ところが、日本企業の多く
は、競争他社との関係から、自社の価値創造プロセスを開示することには抵抗
があるという。また、統合報告を作成する際のコストの発生や、価値創造プロ
セスを開示したからといって株価にほとんど反映されないといった理由など
で、IIRC が推進する統合報告の作成・開示を回避しているといわれている。
しかし、日本企業の統合報告書が、どんな目的をもって作成され、どのような
情報を開示しているかについての研究はほとんどみられない[1]。

　そこで本章では、はじめに、日本企業の統合報告書が、国際統合報告フレー
ムワークの基本概念をどの程度踏まえて作成されているのかについて、文献調
査により現状を把握する。次に、日本企業の統合報告書において、6つの資本
および価値創造プロセスに関する情報がどのように開示されているのかについ
て、文献調査とインタビュー調査の結果を紹介する。さらに、その結果を踏ま
え、インタンジブルズと価値創造プロセスの可視化に向けた統合報告の役立ち
について検討する。

　本章の構成は以下のとおりである。第1節で、国際統合報告フレームワーク

---

1)　宝印刷および KPMG の調査レポートには、統合報告書を公表している日本企業の一覧
　　表と、統合報告書という名称のついたものがどれくらいあるかなどの若干の調査結果
　　が掲載されている。

の基本概念のインタンジブルズの情報開示への役立ちを述べる。第2節で、日本企業の統合報告書の現状と文献調査の結果を紹介する。第3節で、三菱重工業㈱、㈱ローソン、㈱野村総合研究所の3社の統合報告書に関するインタビュー調査の結果について述べる。第4節で、国際統合報告フレームワークの基本概念にしたがって作成された統合報告書の意義について検討する。同時に、インタンジブルズと価値創造プロセスの可視化に向けた統合報告の役立ち、および統合報告の改善方向を明らかにする。最後に、本章の発見事項をまとめる。

3.1 国際統合報告フレームワークの基本概念とインタンジブルズの情報開示

国際統合報告フレームワークによると、統合報告は、企業の戦略やガバナンスを重視し、財務情報と非財務情報の両方を用いて、投資家をはじめとしたステークホルダーに対し、企業の価値創造に関する情報を簡潔に伝えるための外部報告である（IIRC, 2013, 1.1, 1.7, 1.8）。国際統合報告フレームワークは、「価値創造」「資本」「価値創造プロセス」という3つの基本概念を掲げている。

3.1.1 インタンジブルズの情報開示に関する取り組み

インタンジブルズの情報開示に関する研究は、1990年代から2000年代の中頃にかけて、米国および北欧を中心としたヨーロッパで活発に行われた。米国では、ジェンキンス・レポート（1994）、Lev（2001）、Blair and Wallman（2001）が、インタンジブルズの情報開示の必要性、およびインタンジブルズの定義、分類、測定方法等についての研究を発表した。ヨーロッパでは、Edvinsson and Malone（1997）による知的資本報告書をはじめ、知的資本報告書ガイドラインに関するインタンジブルズの外部報告を目的とした研究[2]が実

---

2) たとえば、EU7か国の研究機関による共同プロジェクトである MERITUM ガイドライン（2002）、デンマーク政府の知的資本報告書ガイドライン（2000、2003）がある。

施された。日本でも、経済産業省が、2005 年に『知的資産経営の開示ガイドライン』を公表した。これらの研究は、インタンジブルズを定義・分類し、それを定量的に把握し、開示する方法を示したものから、インタンジブルズに基づく価値創造について、ナラティブ（物語的）な定性情報を開示するところまで進んできた。

こうしたインタンジブルズの情報開示に関する取り組みと、それに続く国際統合報告フレームワークは、ともに非財務情報を取り入れた外部報告を目的としたものである。しかし、Mouritsen et al.（2005）が指摘しているように、知的資本報告書は、インタンジブルズの情報開示に止まらず、インタンジブルズのマネジメントにも活用できると考えられる。また、Eccles and Krzus（2010）は、統合報告を念頭において、外部報告に求められる情報の高い信頼性は、より質の高い内部情報によって提供され、その結果、経営者はより的確な意思決定をすることができる（Eccles and Krzus, 2010, p. 151）と述べている。これは、インタンジブルズの情報開示や統合報告への取り組みが、経営意思決定をはじめとする企業内部の経営管理にも好影響を与えることを示唆したものである。

3.1.2 国際統合報告フレームワークの基本概念

国際統合報告フレームワークは、企業の価値創造について、企業が長期にわたり創造する価値は、企業の事業活動とアウトプットによって資本が増加、減少、または変換された形で現れると説明している（IIRC, 2013, 2.4）。さらに、価値には、企業に対して創造される価値（財務資本提供者への財務リターンにつながるもの）と他者に対して創造される価値（ステークホルダーおよび社会全体に対する価値）の 2 つがある（ibid., 2.4）。

資本は、財務資本、製造資本、知的資本、人的資本、社会・関係資本、自然資本の 6 つの資本で構成される（ibid., 2.10）。資本は価値の蓄積であり、企業の活動とアウトプットを通じて増減し、または変換されるものである（ibid., 2.11）。しかし、資本をどのように分類するかについては、統合報告を作成す

第3章 統合報告におけるインタンジブルズと価値創造プロセスの可視化

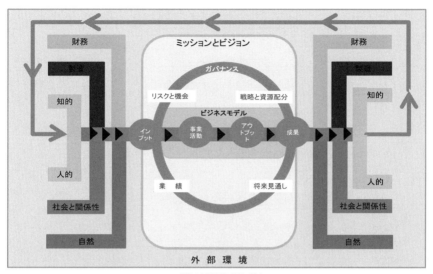

出典：International Integrated Reporting Council (2013), p. 13

図3.1 国際統合報告フレームワークの価値創造プロセス（再掲）
（オクトパス・モデル）

る企業の判断に委ねられている。

　価値創造プロセスは、オクトパス・モデル（図3.1）が提示されている。オクトパス・モデルは、6つの資本が事業活動にインプットされ、事業活動を通じてアウトプット（製品、サービス、副産物および廃棄物）に変換される。さらに、事業活動およびアウトプットは、資本に対して影響を与えるものとしてのアウトカムをもたらす（ibid., 2.23）と記されている。

　これらの基本概念から、統合報告は、企業の事業活動を通じて、6つの資本がどのようにインプットからアウトプットに変換され、さらに、それがどのようなアウトカムをもたらすかという価値創造プロセスに関する情報を開示するものであることが理解できる。また、6つの資本の中には、知的資本、人的資本、社会・関係資本といったインタンジブルズに関係した資本が含まれている。したがって、国際統合報告フレームワークの基本概念を踏まえて作成され

87

た統合報告書は、インタンジブルズおよび企業の価値創造プロセスの可視化に貢献すると考えられる。

　ただし、課題も残されている。オクトパス・モデルは、インプットされた6つの資本が、事業活動を通じてアウトプットおよびアウトカムに変換される価値創造プロセスを示すことはできる。しかし、インタンジブルズを含む6つの資本が、企業の戦略やガバナンスとどのように結びつけられて価値を創造するのかという点については、このモデルだけでは十分な説明ができない。これに対処するには、個々の企業において、3つの基本概念をさらに掘り下げ、独自の活用方法や情報開示のための工夫が必要である。

3.1.3　統合報告の経営管理への役立ち

　管理会計の視点から統合報告を論じたものとしては、伊藤の研究が挙げられる。伊藤（2014）は、これまでの財務報告やCSR報告書、環境報告書には一貫性がなく、それらの情報を相互に関連させ、それが長期にわたる企業の価値創造能力にどのような影響を及ぼすかについて説明することに、統合報告の意義があると考えている（伊藤，2014，p. 217）。また、そうした取り組みは、内部経営管理としてこれまで企業が行ってきたことに市場の論理という外圧が加わることで、より適正な経営管理へと向かうことができるとして、統合報告の経営管理への役立ちを主張している（同上，p. 220）。

　中でも伊藤が強調するのは、インタンジブルズを戦略的にマネジメントすることにも統合報告が役立つという視点である。インタンジブルズによる価値創造プロセスについて、ステークホルダーに可視化して伝えることができるのが統合報告であり、さらに、オクトパス・モデルに、バランスト・スコアカードを活用した価値創造プロセスを提案している（同上，pp. 235–239）。これは、オクトパス・モデルにバランスト・スコアカードを結びつけることによって、インタンジブルズに関連した資本を含む6つの資本と企業の戦略との関係性が十分に説明できないというオクトパス・モデルの弱点を補強しようというアイデアである。

第3章 統合報告におけるインタンジブルズと価値創造プロセスの可視化

　国際統合報告フレームワークは、統合報告を活用したインタンジブルズのマネジメントまでは求めていない。しかし、オクトパス・モデルを使ってインタンジブルズに基づく価値創造プロセスを開示した統合報告書は、ステークホルダー・エンゲージメントを通して、インタンジブルズのマネジメントにも役立つことが期待できる。本章は、伊藤の考え方を踏まえ、統合報告の管理会計への役立ちの観点から、インタンジブルズの可視化に向けた統合報告の役立ちを検討する。

3.2　日本企業の統合報告書の現状

　日本では、国際統合報告フレームワークの公表を契機に、統合報告書を作成する企業が急増している。宝印刷の調査（2013）によれば、日本企業で、2013年に統合報告書を開示した企業は 81 社[3]である。その 1 年後の ESG コミュニケーション・フォーラム（2015）の調査[4]によると、142 社に達している（2014 年 12 月現在、付属資料 1）。本節では、この 142 社の統合報告書について、先に述べた国際統合報告フレームワークの 3 つの基本概念（価値創造、6つの資本、価値創造プロセス）を開示しているものがどれくらいあるのか、それはどのような目的や内容なのか、といった観点から、日本企業の統合報告書の現状を紹介する。

---

3)　伊藤（2015）は、81 社のうちの 78 社の統合報告書について、①CSR 報告書タイプ（21 社、27％）、②持続可能性報告書タイプ（55 社、71％）、③統合報告書タイプ（2社、2％）というように 3 つのタイプに分類している。統合報告書タイプがわずか 2社であることから、2013 年の時点では、IIRC の基準に準拠した日本企業の統合報告書はごく少数であったことがわかる。

4)　宝印刷と ESG コミュニケーション・フォーラムの調査は、いずれも日本企業の年次報告書や CSR 報告書などの中に、「財務指標と非財務指標とを統合」といった記述がある場合、あるいは「統合報告書」ないし「統合レポート」という名称が使われているものを統合報告書とみなして、企業名をリストアップしている。

表 3.1　国際統合報告フレームワークの基本概念に準拠した統合報告書

（ 1 ）エーザイ㈱『アニュアル・レポート 2014』
（ 2 ）㈱資生堂『アニュアルレポート 2014』
（ 3 ）昭和電機㈱『統合報告書 2014（知的資産経営報告書）』
（ 4 ）大東建託㈱『DAITO GROUP Financial & CSR Report 2014』
（ 5 ）㈱野村総合研究所『統合レポート 2014』
（ 6 ）野村不動産ホールディングス㈱『統合レポート 2014』
（ 7 ）日立化成㈱『アニュアルレポート 2014』
（ 8 ）ポーラ・オルビスホールディングス㈱『コーポレートレポート 2014』
（ 9 ）三菱重工業㈱『MHI REPORT 2014 三菱重工グループ統合レポート』
（10）㈱ローソン『INTEGRATED REPORT 2014 ローソン統合報告書』

（企業名 50 音順）

出典：筆者作成。

3.2.1　国際統合報告フレームワークの基本概念に準拠した統合報告書

　KPMG（2015）は、上記 142 社を対象とした事例調査結果をまとめている。それによると、統合報告書ないし統合レポートの名称を使った報告書を発行している企業は 142 社のうち 15 社である。また、統合報告書の作成にあたって、IIRC の国際統合報告フレームワークを参照したという企業は全体の 26%（37 社）を占めている。しかし、142 社の統合報告書が、前節で紹介した国際統合報告フレームワークの 3 つの基本概念をどの程度踏まえて作成されているかについての情報は記載されていない。

　そこで、142 社の統合報告書の中で、国際統合報告フレームワークの 3 つの基本概念（価値創造、資本、価値創造プロセス）について記載している統合報告書がどれくらいあるのかを知るため、各社の Web サイトから統合報告書をダウンロードし、その内容をチェックした[5]。その結果、表 3.1 に示した 10 社の統合報告書が、国際統合報告フレームワークの基本概念を踏まえて作成さ

---

5)　142 社の統合報告書の閲覧は、2015 年 4 月 24 日から 7 月 5 日まで行った。この期間内に新たに 2015 年版の統合報告書を開示した企業については、2015 年版の統合報告書を閲覧対象とした。

第 3 章　統合報告におけるインタンジブルズと価値創造プロセスの可視化

れていることがわかった。

　表 3.1 の 10 社の統合報告書は、いずれも価値創造に焦点を当て、国際統合報告フレームワークが提示した 6 つの資本を用いたオクトパス・モデルによる価値創造プロセスを開示している。また、その開示モデルは、大きく 3 つのタイプに分けることができる。第 1 は、企業戦略および事業戦略を明示し、それにしたがって価値創造プロセスを開示している統合報告書である。三菱重工業の統合報告書がこれに相当する。第 2 は、事業のコンセプト（事業戦略を含む）の説明を中心とした統合報告書である。エーザイ、昭和電機、ローソンの統合報告書がこれに当たる。第 3 は、ビジネスモデルや事業内容の開示を中心としたものである。資生堂、大東建託、野村総合研究所、野村不動産、日立化成、ポーラ・オルビスホールディングスの統合報告書がこれに該当する。

3.2.2　インタビュー調査の対象と調査項目

　次に、この 3 つのタイプの中から、それぞれ三菱重工業、ローソン、野村総合研究所の 3 社を選び、インタビュー調査[6]（半構造化インタビュー調査）を実施した。半構造化インタビューにしたのは、企業にとって国際統合報告フレームワークの基本概念に準拠した情報開示が必ずしも容易ではなく、とりわけ国際統合報告フレームワークが明示していないインタンジブルズを意識したインタビューであったためである。なお、ローソンと三菱重工業は、前述の宝印刷の調査（81 社）のリストにも含まれていることから、統合報告に対する取り組みの経験や実績が比較的多く蓄積されていると考えた。また、野村総合研究所は、その業態から多くの経営資源がインタンジブルズであることを期待して調査対象とした。インタビュー調査項目は、①統合報告への取り組みをは

---

6)　ローソンは、経営戦略本部 IR 部伊丹英人氏、鈴木暁子氏（2015 年 5 月 22 日）にインタビューを行った。三菱重工業は、経営・財務企画部 IR グループ中村健一氏、小関七七海氏（2015 年 6 月 12 日）、野村総合研究所は、経営企画部 IR 室上岡晋氏、山田美奈氏（2015 年 7 月 3 日）にそれぞれインタビューを行った。インタビューの時間は、3 社とも 1 時間強であった。（部門名はインタビュー当時のものである。）

91

じめた理由について、②統合報告書の作成（担当部門、コンセプト、フレームワークを使う理由など）について、③統合報告書がもたらした変化・効果について、④今後の展開について、の4点が中心である。

3.3　インタビュー調査結果

　はじめに、三菱重工業、ローソン、野村総合研究所3社の統合報告書の概要を述べる。次いで、三菱重工業、ローソン、野村総合研究所の統合報告書に対するインタビュー調査結果を紹介する。なお、調査対象とした3社の統合報告書は、いずれも2014年版である。

3.3.1　3社の統合報告書の概要

　インタビュー調査を行った3社の統合報告書の概要は表3.2に示すとおりである。この3社の統合報告書は、いずれも国際統合報告フレームワークを参考にして作成されている。また、自社の価値創造に関する情報について、投資家をはじめとするステークホルダーに開示することを目的として内容が構成されている。たとえば、三菱重工業は、価値創造、企業価値向上の戦略、企業価値向上への取り組みを中心に、三菱重工業の価値創造に関する情報を開示している。ローソンは、統合報告書の冒頭で企業価値創造サイクルを図示し、詳細な説明を加えている。野村総合研究所は、価値創造、事業別戦略、企業価値創造を支えるための取り組みといった内容で情報開示を行っている。統合報告書の作成は3社とも IR（Investor Relations）部門が担当している。

3.3.2　三菱重工業『MHI REPORT 2014 三菱重工グループ統合レポート』

　三菱重工業の IR の担当者は、統合報告が注目され始めた2012年頃から、財務、CSR、環境の各報告書が1つのものに収斂していくのではないかと感じていた。また、1つにまとまった会社を代表するレポートをつくりたいという

第 3 章　統合報告におけるインタンジブルズと価値創造プロセスの可視化

表 3.2　インタビュー調査を行った 3 社の統合報告書の概要

	三菱重工業㈱	㈱ローソン	㈱野村総合研究所
1．名称	MHI REPORT 2014 三菱重工グループ統合レポート	INTEGRATED REPORT 2014 ローソン統合報告書	統合レポート 2014
2．目的	価値創造活動全体について、シンプルで簡潔な 1 つのストーリーで示すこと	ローソンの価値創造について正しく理解していただくこと	企業価値創造に関するメッセージを簡潔に発信すること
3．対象	長期の投資家を主体としたマルチ・ステークホルダー	長期の投資家を中心とするマルチ・ステークホルダー	機関投資家
4．内容構成	1．三菱重工の価値創造 2．企業価値向上の戦略 3．企業価値向上の取り組み　ほか (別冊)財務セクション	1．企業価値創造サイクル 2．実行・実現による新たな飛躍 3．社長メッセージ 4．新たなイノベーションを起こす 5．コンプライアンス 6．社会・環境への取り組み 7．コーポレート・ガバナンス　ほか	1．NRI とは 2．財務非財務ハイライト 3．トップインタビュー 4．NRI の価値創造 5．事業別戦略 6．企業価値創造を支えるための取り組み 7．財務セクション　ほか
5．価値創造プロセス	オクトパスモデル インプット… 5 つの資本（財務、製造、知的、人的、社会関係資本） アウトプット… 4 つの事業ドメイン アウトカム… ROE、CO_2 排出量、配当金、雇用者数	オクトパスモデル インプット… 5 つの資本（財務、製造、人的、知的、社会） 成果… 5 つの資本（同上）	オクトパスモデル インプット… 6 つの資本（財務、製造、知的、人的、社会・関係、自然資本） アウトカム… 6 つの資本（同上）
6．担当部門	経営・財務企画部 IR グループ	経営戦略本部 IR 担当	経営企画部 IR 室
7．ページ数	117 ページ	53 ページ	117 ページ

出典：三菱重工業（2014）, ローソン（2014）, 野村総合研究所（2014）をもとに作成。

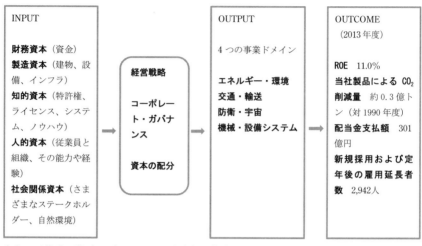

出典:三菱重工業(2014), pp. 8-13をもとに作成。
図3.2 三菱重工業の価値創造プロセス(概念図)

思いもあった。そのため、自社の活動をきちんと伝えていくための開示ツールを求めて、IIRCの国際統合報告フレームワークやGRIガイドラインなどを調査していたことが統合報告へのきっかけとなった。同社では、長期の投資家を主体としたマルチ・ステークホルダーとの対話を重視しており、その総合的な開示ツールとして統合報告の作成に着手した。統合報告の制作はIR部門(3名)が担当しており、CSR担当などが協力する体制がとられている。統合報告のコンセプトは、価値創造活動全体について、シンプルで簡潔な1つのストーリーで示すことである。

同社の価値創造モデル(図3.2)は、オクトパス・モデルを同社なりに解釈した結果である。伝えたいことは何か、オクトパス・モデルで何が伝わるのかといった検討を経て、5つの資本⇒経営戦略・ガバナンス⇒資本配分⇒事業活動(事業ドメイン別)⇒アウトプット(事業ドメイン別の製品)⇒アウトカム、といった価値創造モデルが出来上がった。同社は、後述のローソンと同様に自然資本を社会関係資本の中に含め、インプットの要素として5つの資本を提示している。この5つの資本には、2010～2013年度の時系列データが添付

第3章 統合報告におけるインタンジブルズと価値創造プロセスの可視化

されている。同社の価値創造モデルの特徴は、アウトプットが、資本ではなく、4つの事業別ドメインで示されており、さらに、セグメント別にも価値創造モデルが開示されている点である。また、アウトカムはアウトプットがもたらした効果であり、全体の価値創造モデルには、アウトカムとして、ROE、配当金支払額、当社製品使用による CO_2 削減量、新規採用および定年後の雇用延長者数の4つのデータが示されている。

統合報告が企業内部に与える効果については、担当者はほとんど考えていなかったという。ただし、統合報告書の社内への浸透度は高く、とくに営業部門からの引き合いが増えているという。また、対外発信機能を一元化した広報担当部門が経営・財務企画部に組み入れられたため、経理担当者が統合報告を理解するきっかけにもなっている。したがって、統合報告が社内の意識変化の起点になるのではないかといった議論が増えていけばよいと担当者は感じている。

同社の統合レポートは、年次報告書やCSR報告書などの外部報告を統合したワンレポートである。今後の展開としては、国際統合報告フレームワークを意識しすぎずに、もう少し自由な形を考えているとのことであった。インタンジブルズに関しては、同社の知的資本は技術基盤が中心だが、これと短期の指標であるROIなどとのバランスのとれたものを構想しながら、統合報告がメジャーな存在になることを担当者は願っていた。

3.3.3 ローソン『INTEGRATED REPORT 2014 ローソン統合報告書』

ローソンでは、新浪前社長が2010年のダボス会議に出席した際、サステナビリティと財務および非財務情報との統合の話が出たのがきっかけとなり、2011年にアニュアルレポートとESG情報とを統合した。2013年2月決算期には最初の統合報告書を作成し、2014年版に至っている。統合報告は、長期の投資家をメインとしたマルチ・ステークホルダーに、ローソンの価値創造について正しく理解してもらうためのものである。IR室（2名）が制作の主担当となり、社会共生担当が協力する体制がとられている。

95

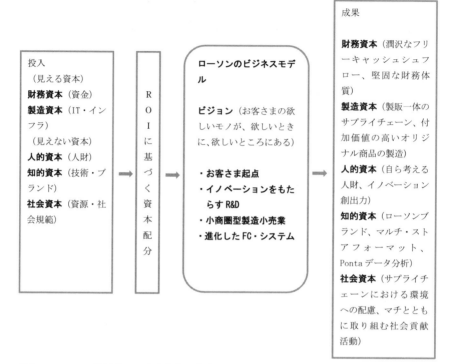

出典:ローソン(2014), p. 8をもとに作成。
図3.3　ローソンの価値創造サイクル(概念図)

　ローソンの統合報告書は、価値創造プロセスを「価値創造サイクル」と表現している(図3.3)。5つの資本(インプット)⇒ROIに基づく資本配分(経営戦略)⇒ビジネスモデル⇒5つの資本(アウトプット)により持続可能な成長をめざすのがそのサイクルである。インプットする資本は、財務資本(資金)、製造資本(IT、インフラ)、人的資本(人財)、知的資本(技術・ブランド)、社会資本(資源、社会規範)の5つである。自然資本は、社会資本の中に含めている。この5つの資本が、経営戦略によって適正に配分され、ビジネスモデルを通じて増幅され、アウトプットされる。アウトプットの資本は、財務資本(潤沢なフリーキャッシュフローなど)、製造資本(サプライチェーン、

96

第3章 統合報告におけるインタンジブルズと価値創造プロセスの可視化

オリジナル商品の製造）、人的資本（自ら考える人財、イノベーション創出力）、知的資本（ローソンブランドなど）、社会資本（環境への配慮、マチ[7]とともに取り組む社会貢献活動）といった説明がなされている。このサイクルを回していくことが同社の価値創造プロセスにあたる。

さらに、ビジネスモデルと資本との関係についても記述がある。例えば、人的資本は、マチのニーズに的確に応え自ら考え行動する人財の育成である。知的資本は、マチの変化を機敏に感じ取りイノベーションを続ける成長の源泉である。社会資本は、環境への配慮の徹底と自然環境から得られる資源の活用である。これらのように、資本とビジネスモデルとの関係が記されている。この3つの資本について「見えない資本」と明記しているのも、同社の統合報告書の特徴である。

統合報告の企業への影響については、統合報告によって企業文化などが変わるわけではなく、あくまでもツールの1つにすぎないと考えている。統合報告の効果は、会社案内書を1つにすることができたことといった程度であるという。今後も、現在のスタイルを続けていき、とくに海外の投資家の理解を深めることをねらいにしている。同社の統合報告書は、年次報告書などの外部報告を1つにまとめたワンレポートである。

3.3.4　野村総合研究所『統合レポート 2014』

野村総合研究所の『統合レポート 2014』は、国際統合報告フレームワークの公表を契機に、同社が取り組んだ最初の統合報告書である。その目的は、機関投資家向けに長期的な企業価値創造に関するメッセージを簡潔に発信することにある。同社では、国際統合報告フレームワークの内容が、従来のアニュアルレポートと共通点が多かったこともあり、国際統合報告フレームワークを参考にした統合報告を作りたいという思いが強かった。オクトパス・モデルを使ったのは、ビジネスモデルがすでにアニュアルレポートの中で説明されてお

---

7)　「マチ」とは、地域社会を意味するローソン独自のコンセプトである。

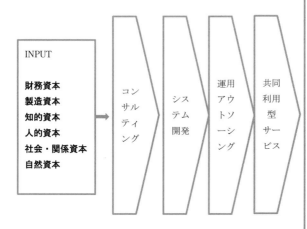

出典:野村総合研究所(2014), pp. 4-5 をもとに作成。
図3.4 野村総合研究所の価値創造プロセス(概念図)

り、価値創造プロセスの中央に置きやすかったからという。しかし、資本については簡単ではなく、どのような経営資源が6つの資本に該当するのか、とくに自然資本と社会・関係資本が難しかったとのことである。

同社の価値創造プロセスは、6つの資本(インプット)⇒ビジネスモデル(「ナビゲーション×ソリューション」)⇒6つの資本(アウトカム)を基本形として、これを人材育成、品質向上、生産性向上、R&Dの各活動が支援するモデルが開示されている(図3.4)。インプットする6つの資本については具

第3章　統合報告におけるインタンジブルズと価値創造プロセスの可視化

体的な説明がないが、アウトカムの6つの資本については、その内容の記述がある。その中のインタンジブルズに関係する3つの資本をみると、知的資本は、社会提言・情報発信により蓄積されたNRIブランド、業界・業務知識とシステム開発ノウハウ、業界標準ビジネスプラットフォーム（共同利用型サービス）、社会制度変革への先進的関与と対応力の4点を記している。人的資本については、日本有数のコンサルタント、優秀なITエンジニア、層の厚い国内外のパートナーの3点を挙げている。社会・関係資本には、未来社会の洞察と社会への提言、社会のITインフラを支える高信頼性サービス、強固な顧客基盤、地域社会への貢献の4点を示している。これらが、同社の価値創造を支えるインタンジブルズと考えられる。

　同社の統合レポートには、ビジョンは示されているが、戦略についての具体的な記述がほとんどない。その理由は、ITサービス業は、他社がどのようなことをやっているかが比較的わかりやすい業界であるため、具体的な顧客ごとの施策や計画を開示することには慎重な姿勢が必要だとの回答があった。ただし、他社の追随を許さない独自のサービス（上記の共同利用型サービス）については開示されている。統合報告に対する機関投資家の反応は上々で、統合レポートによって話が弾むこともあるという。また、同社の情報にはじめて接した人が、統合レポートが参考になったという声も寄せられている。統合レポートは、社内研修のテキストとしても使われている。また、統合レポートの作成によって、付加価値の源泉が見えてくることもあるのではないかと担当者は感じている。

　今後は、メッセージをより上手に伝えていくことに留意しながら、開示情報の重要性および結合性を改善することを考えている。同社の統合レポートはアニュアルレポートを拡充させたもので、CSR報告書は別途作成されている。制作は、経営企画部IR室（4人のメンバー）が担当している。名称を「統合レポート」としたのは、統合報告書よりも柔らかい表現にしたかったためである。

3.3.5　3社の統合報告書の特徴

　以上、インタビュー調査を行った3社の統合報告書の特徴は以下のとおりである。第1に、3社の統合報告書は、いずれも価値創造にフォーカスした内容になっている。そこには、企業理念、戦略、ビジネスモデルなどの説明を通して、自社の価値創造に関する情報について、投資家を中心とするステークホルダーに伝えようという統合報告の作成目的が強く意識されている。それぞれ表現こそ異なるものの、企業理念やビジョンに沿って戦略を策定・実行し、ビジネスモデルや事業活動を通じて持続的な価値創造を実現させ、顧客はもとより、社会全体に貢献しようという姿勢が表れている。

　第2に、資本については、各社の事業活動やビジネスモデルによって捉え方や記述が異なっている。しかし、国際統合報告フレームワークにできるかぎり沿った形で説明しようとした努力の跡がみられる。たとえば、三菱重工業のように数値データを付加するなど工夫を凝らしたものがある。知的資本、人的資本、および社会・関係資本についての説明には、企業が、どのようなインタンジブルズを価値創造の源泉と認識しているのか、その具体例がインプットされる資本の中に示されている。また、アウトプットされる資本の説明からは、事業活動の結果、どのようなインタンジブルズが創出されるのか、具体的な内容が理解できる。

　第3に、価値創造プロセスは、3社ともオクトパス・モデルを使っているが、資本を5つに分類したもの（三菱重工業、ローソン）、アウトプットを事業ドメイン別の製品にしたもの（三菱重工業）など、バリエーションがある。価値創造プロセスの中核となる資本の変換プロセスは、3社のビジネスモデルや事業活動にしたがって自由に描かれている。

　しかし、オクトパス・モデルは、ビジネスモデルあるいは事業活動の中で、インプットした資本が企業の戦略とどのように結びつけられて価値を創造するのかを説明するところまでは至っていない。したがって、インタンジブルズに基づく価値創造を効果的にマネジメントするためには、オクトパス・モデルに

よる価値創造プロセスの開示をさらに進化させていく企業の努力と知恵が必要である。このことは、今後の統合報告への取り組みにあたって、最も重要な課題といえよう。

3.4 国際統合報告フレームワークの基本概念に準拠した統合報告書の意義

本節では、国際統合報告フレームワークの基本概念にしたがって作成された統合報告書の意義について検討を行う。それと同時に、インタンジブルズと価値創造プロセスの可視化に向けた統合報告の役立ち、および統合報告の改善方向を明らかにする。

3.4.1 統合報告におけるインタンジブルズ可視化の現状

日本企業の統合報告書をみると、財務情報と非財務情報とを1つの報告書の中に開示するという意味での統合報告書が大半を占めている。中でも、従来のアニュアルレポートとCSR報告書を1つにまとめたケースが多い。また、中期経営計画や戦略について説明している統合報告書は多いが、それらを企業価値創造と結びつけて記述しているものは少ない。とくに、国際統合報告フレームワークを使って、6つの資本や価値創造プロセスを説明している事例は10社と少数であった。これは、国際統合報告フレームワークのオクトパス・モデルをどのように理解して価値創造プロセスを記述したらよいかが難しいためである。インタビュー調査を行った3社の担当者もオクトパス・モデルの理解が難しいことを述べていた。しかし、インタビュー調査を行った3社を含むこの10社は、いずれも価値創造に焦点をあてた統合報告書を作成していた。また、ローソンの統合報告書には、知的資本、人的資本、社会・関係資本について「見えない資本」と明記されていた。そこで、これらの資本についての説明が、どの程度インタンジブルズを可視化しているかについて、①定量情報による可視化、②定性情報による可視化、の2つの面から検討を行うことにする。

まず、定量情報による可視化についてみると、知的資本、人的資本、社会・

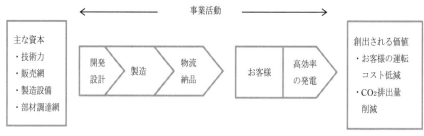

出典：三菱重工業（2014），p. 29 をもとに作成。
図 3.5　三菱重工業の価値創造プロセス（エネルギー・環境ドメイン）

　関係資本について、従業員数などの数値データを付けて説明しているのが三菱重工業の統合報告書である。そのような工夫や試みは必要と思われるが、従業員数などのデータは、どの企業でも開示しようと思えば開示できるものであり、戦略とは関係のないデータである。この点は、作成担当部門も認識していた。したがって、統合報告書における定量情報によるインタンジブルズの可視化は、この 3 社の統合報告書をみるかぎり、今のところ期待できそうな状況にはない。

　これに対し、定性情報による可視化については、これまでみてきたように、インタンジブルズに関係する 3 つの資本に関する記述によって、各社が想定しているインタンジブルズの具体的な内容がわかるようになっている。この中でとくにインタンジブルズの可視化に有効なのは、オクトパス・モデルを使って、ビジネスモデルや戦略実行プロセスとインタンジブルズとの関係に対する説明を充実させていくことと思われる。たとえば、三菱重工業は、4 つの事業ドメインごとに、インプットとしての資本、事業活動（開発⇒製造⇒納品・保守）、アウトプット・アウトカムとして創出される価値までの一連のプロセスを提示している。インプットされる資本は、技術力やノウハウなどのインタンジブルズが中心である。これによって、同社が、価値創造の源泉であるインタンジブルズとして何を用い、それがどのようなアウトカムを生むのかの想定をしているのか、ある程度理解することができる（図 3.5）。

第3章 統合報告におけるインタンジブルズと価値創造プロセスの可視化

　以上の点から、フレームワークに依拠した統合報告書が、インタンジブルズの可視化に直接的に役立つとはいえないのが現状である。しかし、定性情報によるインタンジブルズの可視化については、ある程度の期待が持てる。142社の統合報告書の多くは、アニュアルレポートとCSR報告書を統合させただけのものである。また、国際統合報告フレームワークの基本概念に準拠した統合報告書を公表している10社の担当者も、インタンジブルズによる価値創造プロセスを可視化するために統合報告書を作成しているという認識はほとんどないとみられる。しかし、国際統合報告フレームワークの基本概念に準拠した統合報告書は、投資家をはじめとする外部のステークホルダーおよび従業員など統合報告書の読者に対し、企業がどのような資源をインタンジブルズとして捉え、それを使ってどのような価値を創造しようとしているかについての理解を促進させることにはつながると考えられる。また、そうした可能性を最ももっているのが国際統合報告フレームワークの基本概念を踏まえた統合報告書であるといえよう。企業が、一度だけの報告やチャレンジに終わることなく、年々、統合報告の改善努力を継続していくことが、インタンジブルズの可視化にプラスの効果をもたらしていくものと思われる。

3.4.2　統合報告におけるインタンジブルズの可視化促進への提案

　以上、統合報告におけるインタンジブルズの可視化の現状について論述した。今後は、以下の3点を踏まえ、統合報告を発展させていくことによって、インタンジブルズの可視化が促進されることが望まれる。

　第1は、バランスト・スコアカード、戦略マップを活用した価値創造プロセスを描くことが考えられる。具体的には、学習と成長の視点（人的資産、情報資産、組織資産）を事業の共通プラットフォーム（競争の土台）として位置づけ、バランスト・スコアカードの4つの視点をオクトパス・モデルに組み入れた価値創造プロセス[8]を開示することである。これにより、価値創造プロセスと戦略との関係がより明確になろう。

　第2に、知的資本報告書ガイドラインに示された価値創造プロセスを統合報

告書にも援用することである。例えば、経済産業省の知的資産経営の開示ガイドライン、デンマークの知的資本報告書ガイドラインなどを参考にして、価値創造に関する詳細なプロセスやストーリー[9]を統合報告に組み入れることが考えられる。このように、価値創造に関するナラティブな情報を加えることにより、インタンジブルズに関する定性的な情報の充実を図るべきである。

第3に、経営管理や従業員の意識改革など内部企業への影響も考慮して、統合報告に取り組むことも重要であろう。インタビュー調査では、そこまで意識して統合報告を作成しているケースはみられなかった。しかし、そうした観点をもって、統合報告書を、投資家を中心とした外部のステークホルダーだけでなく、従業員とのコミュニケーションにも役立てていくことが望まれる。

まとめ

本章では、情報開示のアウトサイドイン・アプローチ（法令・制度やガイドラインにしたがった情報開示）の視点から、日本企業の統合報告書を調査対象として、インタンジブルズの可視化に向けた統合報告の役立ちについて考察した。インタンジブルズの可視化は、価値創造の源泉となるインタンジブルズを特定し、それを見える形にすることで、インタンジブルズの効果的なマネジメントを行うために必要である。

第1の発見事項は、国際統合報告フレームワークの基本概念に準拠した日本企業の統合報告書はそれほど多くはないということである。日本企業142社の統合報告書の中で、国際統合報告フレームワークの基本概念（価値創造、資

---

8) バランスト・スコアカードの4つの視点をオクトパス・モデルに組み入れるというのは伊藤（2014）の考えに沿ったもので、エーザイの統合報告書『アニュアル・レポート 2014』で開示された価値創造プロセスにおいて、伊藤の考えが採用されている。

9) 昭和電機の統合報告書は、副題に「知的資産経営報告書」と記されており、同社の価値創造プロセスが詳細に開示されている。昭和電機の統合報告書は、国際統合報告フレームワークとともに、経済産業省の『知的資産経営の開示ガイドライン』も参考にして作成されたことが推察される。

第 3 章　統合報告におけるインタンジブルズと価値創造プロセスの可視化

本、価値創造プロセス）に依拠した統合報告書がどれくらいあるかについて文献調査を行った。その結果、10 社の統合報告書が該当することがわかった[10]。

　第 2 の発見事項は、価値創造プロセスの可視化は、企業によって一様ではないことである。国際統合報告フレームワークの基本概念を踏まえて作成された 10 社の統合報告書の中から、三菱重工業、ローソン、野村総合研究所の 3 社の統合報告書を対象にインタビュー調査を実施した。その結果、国際統合報告フレームワークの基本概念について、次の 3 点が確認できた。第 1 に、3 社の統合報告書は、いずれも価値創造にフォーカスした内容になっている。そこには、企業理念、戦略、ビジネスモデルなどの説明を通して、自社の価値創造に関する情報について、投資家を中心とするステークホルダーに伝えようという統合報告の作成目的が強く意識されていた。第 2 に、6 つの資本については、各社の事業活動やビジネスモデルによって捉え方や記述が異なっている。しかし、国際統合報告フレームワークにできるかぎり沿った形で説明しようとした努力の跡がみられた。第 3 に、価値創造プロセスは、3 社ともオクトパス・モデルを使っていた。しかし、資本を 5 つに分類したもの（三菱重工業、ローソン）、アウトプットを事業ドメイン別の製品にしたもの（三菱重工業）など、バリエーションがみられた。また、価値創造プロセスの中核となる資本の変換プロセスは、3 社のビジネスモデルや事業活動にしたがって自由に描かれていた。

　第 3 の発見事項は、インタンジブルズの可視化は定性的に行わざるをえないという点である。インタビューを行った 3 社の統合報告書がどの程度インタンジブルズを可視化しているかについて、①定量情報による可視化、②定性情報による可視化、の 2 つの面から検討を行った。まず、定量情報による可視化については、3 社の統合報告書をみるかぎり、今のところ期待できそうにないこ

---

10)　宝印刷（2016）の調査によれば、2015 年 12 月末現在、統合報告書を公表している日本企業は 224 社に増加している。このうち、国際統合報告フレームワークの基本概念に準拠した統合報告書を作成している企業も 33 社に増えている（筆者調査による。企業名および統合報告書の名称は付属資料 2 に掲載）。

とがわかった。これに対し、定性情報による可視化については、インタンジブルズに関係する3つの資本（知的資本、人的資本、社会・関係資本）に関する説明の記述によって、各社が想定しているインタンジブルズの具体的な内容がわかるようになっていた。とくに、オクトパス・モデルを使って、ビジネスモデルや戦略実行プロセスとインタンジブルズとの関係に対する説明を充実させていくことがインタンジブルズの可視化に有効なことがわかった。

　以上の点から、国際統合報告フレームワークに依拠した統合報告書が、インタンジブルズの可視化に直接的に役立つとはいえないというのが現状である。しかし、統合報告の読者（投資家をはじめとする外部のステークホルダーおよび従業員など）に対し、企業がどのような資源をインタンジブルズとして捉え、それを使ってどのような価値を創造しようとしているかについての理解を促進させることにはつながると考えられる。また、そうした可能性を最ももっているのが国際統合報告フレームワークの基本概念を踏まえた統合報告書であると結論づけた。

　さらに、今後は次の3点を踏まえ、統合報告を進化させていくことによって、インタンジブルズの可視化が促進されることが望まれる。第1に、バランスト・スコアカード、戦略マップを活用した価値創造プロセスを描くことである。第2に、知的資本報告書ガイドラインに示された価値創造プロセスを統合報告書にも援用することである。第3に、経営管理や従業員の意識改革など内部企業への影響も考慮して、統合報告に取り組むことである。

第4章　統合報告と付加価値会計情報
―インサイドアウト・アプローチの視点から―

はじめに

　近年、付加価値会計情報が統合報告の定量的な情報として適しているのではないかという主張が散見されるようになった。付加価値会計情報に関心が集まったのは1970年代である。その背景として、企業の社会性が強まったことが挙げられる。とくに、企業と利害関係者との関係が重要な経営課題となり、その1つに労使関係の安定化があった。わが国では「春闘」という言葉に代表されるように、経営活動の果実をどれだけ従業員に分配するかということが注目された。分配のための原資として付加価値会計情報への関心が高まり、労使交渉の結果が注目された時代といえよう。しかし、付加価値会計情報に対する企業の関心はその後急速に薄れていく。それは、従業員よりも、顧客をはじめ取引先、地域社会などの利害関係者を念頭においた企業の社会に対する責任や地球環境への貢献が問われる時代になったためである。そうした時代環境の変化に対応して、2000年代には、企業の社会的責任（corporate social responsibility：CSR）や社会的責任投資（social responsibility investment：SRI）の評価として、付加価値会計情報がわが国企業のCSR報告書の中で開示されたことがあった。しかし、それも長続きはせず、付加価値会計情報に対する関心はわが国企業ではほとんどなくなってしまったように見受けられる。

　それとは逆に、企業が成長するためには製品やサービスの高付加価値化が必要との声は年々強くなっている。ここでいう付加価値とは、その名のとおり企

業の活動によって新たに創造された価値を意味する。付加価値が企業の利益の源泉であることを、経営者をはじめ投資家および従業員その他のステークホルダー全員が承知しているのである。このように、分配面からの付加価値情報への関心は薄れてしまったが、企業の成長や利益確保のために付加価値を高めようとする意欲は、まったく失われていないのが今日の企業経営の姿といえよう。

　そうした時代変化の中で、統合報告の登場とともに、付加価値会計情報への回帰的な主張がみられるようになった。付加価値会計情報は、法令でその開示を義務づけられたものではない。その開示は任意であり、インサイドアウト・アプローチ（内部経営管理に関する情報をステークホルダーに提供すること）をねらった会計情報の1つと考えることができる。

　本章の目的は、インサイドアウト・アプローチの視点から、統合報告における付加価値会計情報の開示の有用性と限界を明らかにすることである。具体的には、第1節で付加価値概念および付加価値の計算方法について説明し、付加価値会計情報の開示がインサイドアウト・アプローチの視点からの情報開示であることを述べる。第2節では、統合報告と付加価値会計情報を巡る論点を紹介し、その論点がステークホルダー志向の経営観に依拠していることを明らかにする。第3節では、付加価値会計情報の今日的な活用状況について紹介する。第4節において、インサイドアウト・アプローチの視点から、利害調整機能としての付加価値会計情報の有用性と現在の社会における必要性の有無、ならびに統合報告における付加価値会計情報の有用性と限界について検討結果を述べる。最後に、付加価値会計情報の開示よりも、ステークホルダー・エンゲージメントを通じて、統合報告を企業の情報利用に活用すべきことを提案する。

第 4 章　統合報告と付加価値会計情報

4.1　インサイドアウト・アプローチとしての付加価値会計情報の開示

4.1.1　付加価値概念と付加価値会計情報

　付加価値は、一般的には企業の経済活動によって新しく生み出した価値といわれている。付加価値を決められた計算方法に則って計算したものが付加価値会計情報である。山上（1984）によれば、付加価値は、「もともと社会的（マクロ的）、経済的な概念として、国民経済の再生産や一国の国民所得を論ずるにあたって考え出された概念」（山上，1984，p. 107）である。また、付加価値は、「新たに国民経済に対して創出、付加された価値をいい、それは、国民総生産から中間生産物（材料など）および資本減耗引当（減価償却費）を控除して計算され、その内容は賃金と利潤（これはさらに利子、地代や利益などにわかれる）から構成される」（同上，p. 107）という。私たちに馴染みのあるGDP は、国内全体で生み出された付加価値を集計したものである。

　山上は、このように付加価値の概念を規定したうえで、「付加価値思考のもつ『社会的生産（→分配）』の観点と『純生産的』思考は本質的に重要」として、「これらの思考のもつ積極面を個別企業や企業会計に適用、拡充したものが付加価値会計にほかならない」（山上，1984，p. 108）と述べている。すなわち、企業会計の観点からみると、付加価値は、「企業外部から購入した材料やサービスなど他企業の生産物（これを前給付という）に対し、その企業が、労働や設備などの手段により加工して新たに付加した価値であり、その企業の純産出価値額である」（岡本ほか，2008，pp. 55-56）といえよう。付加価値のなかには、受取利息や企業が受け取る配当金などは含まれない。本章では、この付加価値の定義にしたがって計算された会計情報を付加価値会計情報と考える。

109

4.1.2 付加価値の計算方法と付加価値計算書

付加価値の計算には、控除法と加算法の二通りの方法がある（岡本ほか, 2008, p. 56）。控除法は、(1) 式で計算される。

付加価値＝売上高 −｛（原材料費＋支払経費＋減価償却費）

＋（期首棚卸高 − 期末棚卸高）± 付加価値調整項目｝・・・(1)

これに対し加算法は、(2) 式で計算することができる。

付加価値＝経常利益＋人件費＋金融費用＋賃貸料＋租税公課

（＋減価償却費）・・・(2)

また、付加価値の計算において、付加価値に減価償却費を含めて計算した付加価値を「粗付加価値」、減価償却費を含めないで計算した付加価値を「純付加価値」と呼んでいる。

この方法で計算された付加価値を会計情報として開示したものが付加価値計算書である。付加価値計算書について、山上（1984）は、イギリス会計基準委員会の『コーポレート・レポート』（1975）をもとに、付加価値計算書の位置づけを次のように紹介している。すなわち、「企業努力の成果が従業員、資本提供者、政府および再投資にいかに分配されるかを示すものであり、情報利用者に企業の経済的業績を評価することを助けるもの」（山上, 1984, p. 19）が付加価値計算書であると説明している。また、「付加価値計算書は、資本、経営者、従業員による総合的努力を示す、もっとも簡便にして、もっとも直接的な方法である」（同上）とも述べている。付加価値計算書が最低限含むべき情報としては、売上高、購入材料およびサービス（外注加工費）、従業員の賃金および福利厚生費、配当および支払利子、税金、再投資のための留保額（減価償却費を含む）がある（同上）。これらの項目は、今日の付加価値計算書にも引き継がれている。

4.1.3 付加価値計算書の特徴

水口（2005）は、付加価値計算書の特徴について、現在の企業会計の利益と

第 4 章　統合報告と付加価値会計情報

の違いを対比させながら説明している。水口によれば、「付加価値の大きさは、企業の最終的な売上高から、原材料などを外部から仕入れてきたときのコスト（外部給付原価）を差し引いた差額として計算」（水口，2005，p. 86）される。また、「こうして計算された付加価値から、さらに人件費や支払利息を差し引いた残りが利益」（同上）である。水口は、付加価値の計算では、「人件費や支払利息などをコストとは考えずに、それらは付加価値を構成する一部で、むしろ獲得した付加価値の分配先と考える」というのが付加価値計算書の特徴であると指摘し、表 4.1 のような付加価値計算書の例を提示している（同上，pp. 87-88）。

　表 4.1 に示した付加価値計算書をみると、収益から外部給付原価を引いて求められるのが付加価値であることがわかる。また、創出された付加価値が従業員・役員、資金調達先、政府および自治体、社会、株主へ分配した結果が示されている。

　企業が利益を大きくするためには、コストはできるだけ小さいほうがよく、人件費をコストと考えるかぎり人件費を減らそうとする圧力が強まることが普通である。しかし、「付加価値計算書では、最終的な計算結果である付加価値が大きいほどよい、という見方が可能となり、付加価値を大きくするためには、人件費を減らしてはだめ」（同上，p. 88）という考え方ができるのが付加価値計算書の特徴である。

4.1.4　インサイドアウト・アプローチとしての付加価値会計情報

　持続可能性報告書について、Schaltegger（2012）は、ビジネス環境や企業の報告に対する社会の期待などの違いによって、報告のタイプを 5 つに分類している（表 4.2）。Schaltegger によれば、報告に対する社会の期待がない場合は外部報告が行われず、業務の一部として内部のコミュニケーションのみに持続可能性会計情報が使用される。外部報告のもっとも初歩的な段階は、社会との関係づくりを目的にした広報（PR）のための情報開示である。外部報告の次の段階が、持続可能性に対するステークホルダーの期待とニーズに見合った

表 4.1 付加価値計算書の例

区　　分	金　　額
（付加価値の創出）	
Ⅰ　収益の部	
売上高	
その他の収益	
Ⅱ　外部給付原価	
売上高に係る外部給付原価	
その他の外部給付原価	
当期付加価値額	
（付加価値の分配）	
Ⅰ　従業員・役員への分配	
従業員給与・賞与等	
役員給与・賞与等	
Ⅱ　資金調達先への分配	
支払利息等	
Ⅲ　その他の分配	
法人税・住民税等	
寄付金等	
Ⅳ　株主への分配	
配当金	
内部留保	
付加価値分配額合計	

出典：水口（2005），p. 87。

情報を提供するもので、アウトサイドイン・アプローチと呼ばれている。表4.2によれば、アウトサイドイン・アプローチによる情報開示は、任意のコミュニケーション活動に必須の要素を含んだ外部報告主導の会計によるものとされている。Schalteggerのいうアウトサイドイン・アプローチは、持続可能性についての外部のガイドラインや規程に準拠して作成された情報開示を目的とした外部報告を意味していると考えられる。

第4章　統合報告と付加価値会計情報

表4.2　社会・ビジネス環境の違いによる持続可能性報告書のタイプ（再掲）

ビジネス環境	報告に対する社会の期待	持続可能性会計との関連	持続可能性報告との関連	報告のタイプ
Trust me 委託する	なし	内部の効率性改善	効率性の改善達成のための内部コミュニケーション	外部報告なし 標準的な業務の一部としての必要な内部コミュニケーション
Tell me 伝える	情報伝達	社会から要請された問題に対する情報創造（非常に見やすい形）	重要な外部とのコミュニケーション要素としての持続可能性（一部内部目的を含む）	外部報告（PR（社会との関係づくり）志向）
Show me 見せる（示す）	情報伝達と説明	ステークホルダーの期待と情報需要に見合った情報創造	任意のコミュニケーション活動に必須のコミュニケーション要素	アウトサイドイン・アプローチ（コミュニケーションおよび外部報告主導の会計）
Prove to me 証明する	測定と報告（情報伝達と説明）	持続可能性に対する業績管理において何を達成したかについての情報開示（透明性をもった証拠にもとづいたもの）	業績管理および情報開示の体系的なアプローチにおける追加的な要素	インサイドアウト・アプローチ（業績管理および会計主導の外部報告）
Involve me 巻き込む （参加）	参加、エンパワー、統合、対話	対話のサポートおよび開発・実行への参加、責任の共有の基盤	双方向のコラボレーションおよびステークホルダー・インボルブメントの体系的なアプローチにおける一つの統合された要素	ツイン・アプローチ（ステークホルダーの参加、協同的な戦略の策定、外部報告、コミュニケーション、会計を巻き込んだもの。）

出典：Schaltegger（2012），p. 186.

　これに対し、持続可能性に対して企業がどのような業績管理を行い、何を達成したかについての情報開示がインサイドアウト・アプローチと呼ばれるものである。インサイドアウト・アプローチは、業績管理のための会計主導の外部報告である。すなわち、インサイドアウト・アプローチは、内部の経営管理に関する情報をステークホルダーに開示することを目的とした外部報告と理解することができる。さらに、ステークホルダーの参加、協同的な戦略の策定、外

部報告、コミュニケーション、会計を巻き込んだアウトサイドインとインサイ
ドアウトの2つのアプローチを取り込んだツイン・アプローチもある。

　この分類をわが国企業が発行している統合報告書やアニュアルレポートに援
用してみると、企業が行う情報開示には、大きく分けて2つの目的があると考
えられる。1つは、外部報告のガイドラインや法令・制度など社会の要請に準
拠した形での情報開示を目的としたアウトサイドイン・アプローチである。ア
ウトサイドイン・アプローチは、企業が経営の成果を社会に見せる（示す）た
めの情報開示である（表4.2）。もう1つは、企業が戦略や計画をどのように
実行し、そのための経営管理をどのように行って目標を達成したかについて情
報開示することを目的としたインサイドアウト・アプローチである。これは、
企業がどのような経営を行っているかについて証明するための情報開示に相当
するものといえよう。

　付加価値会計情報は、企業会計上の規則や規制に縛られたものではない。し
たがって、企業の情報開示をアウトサイドイン・アプローチとインサイドアウ
ト・アプローチの2つの目的で分けた場合、インサイドアウト・アプローチの
情報開示に加えるべき会計情報と考えられる。

4.2　統合報告と付加価値会計情報を巡る論点

　国際統合報告評議会（International Integrated Reporting Council：IIRC）
が、2013年12月に公表した国際統合報告フレームワークは、統合報告の中で
開示すべき定量的指標について、具体的な例を掲げていない。国際統合報告フ
レームワークは、はじめに「定量的指標（重要業績指標（KPI）や金額評価さ
れた指標など）およびそれらが提供される文脈は、組織がどのように価値を創
造するか、また、組織がどのような多様な資本を利用し、資本に影響を与える
かを説明する上で極めて有益なものとなる」（IIRC, 2013b, p. 8）と述べてい
る。そのうえで、「統合報告書には定量的指標が含まれる。そして、それを実
務上可能で適切であることを前提に、組織の価値創造能力は、定量的情報と定

第 4 章　統合報告と付加価値会計情報

性的情報との組み合わせによって、最も適切に報告できる」（ibid., p. 8）との指摘に止まっている。さらに「統合報告書は、ある時点での組織の価値、一定期間にわたる組織の価値創造、または組織によるあらゆる資本の利用、およびそれらに与える影響を定量化または金額評価することを目的とするものではない」（ibid., p. 8）とも述べている。これらの記述から、統合報告書において開示すべき情報は、企業の財務諸表に代表される貨幣的情報に限らず、定量的情報と定性的情報とを組み合わせた、あくまでも企業の価値創造に関連した情報が要請されているものと理解できる。

　また、適切な定量的情報に共通する特徴として、「組織の状況との関連性」、「組織のガバナンスとの一貫性」、「財務とその他の情報との結合性」、「組織の重要性決定プロセスによって特定された事象への焦点」、「将来の 2 期以上の期間に対応する目標」、「連続した複数期（3 期以上）の推移」、「以前に報告された目標・計画との関連性」、「業界や地域におけるベンチマークの一貫性」、「複数期にわたる首尾一貫した情報」、「関連する定性的情報」の 10 項目が挙げられている（IIRC, 2013b, p. 31）。このように、国際統合報告フレームワークは、企業の価値創造に関連する定量的情報と定性的情報を組み合わせた形での情報開示を求めているが、具体的な指標例については言及していない。

4.2.1　統合報告に適した用具としての付加価値会計情報

　Haller and van Staden（2014）は、国際統合報告フレームワークの原則主義を踏まえ、付加価値会計情報が統合報告の概念を補完し、統合報告にとって主要な報告の用具となりうることを主張している[1]。本節では、はじめにその論点を少し詳しくみていくことにする。

　Haller と van Staden によれば、付加価値の概念はもともとマクロ経済学にそのルーツがあり、「18 世紀の終わりに米国で付加価値概念がはじめて使われて以来、付加価値は経済分野、産業、国全体の経済における業績の評価尺度に

---

1)　Haller と van Staden の主張は、IIRC が 2013 年 4 月に公表した『コンサルテーション・ドラフト』（IIRC, 2013a）にもとづいたものである。

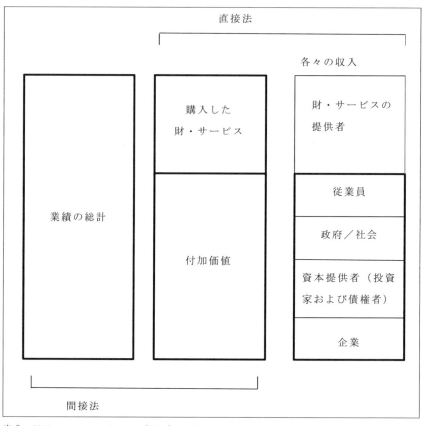

出典：Haller and van Staden (2014), p. 1193.
図 4.1　付加価値の計算方法

なった」(Haller and van Staden, 2014, pp. 1192-1193) という。その代表的な指標が GDP であることは先に述べたとおりである。また、企業業績における付加価値の計算には間接法と直接法の2つの方法があることを紹介している(ibid., p. 1193)。

　図 4.1 に示すように、間接法は業績の総計から購入した財・サービスの額を引き算して求める方法で、これは前述の控除法に該当する計算方法である。これに対し直接法は、分配の対象となる従業員の給与、租税公課、資本提供者へ

第4章　統合報告と付加価値会計情報

の報酬、および企業の内部留保分（分配されない部分）との足し算によって計算されるもので、加算法に相当する。間接法は、企業の業績面に焦点をあてた経済的な実態を計算するものであり、直接法は、企業の活動成果の分配という社会面に焦点をあてたものである。このように、Haller と van Staden は、付加価値には経済的な業績を表す面と、社会への分配という社会性をもった面の2つの側面があると述べている（ibid., p. 1193）。

　付加価値会計情報が1980年代以降注目されなくなったことは先に述べたとおりである。Haller と van Staden も、1970年代に高まった付加価値会計情報への関心が1980年代に急速に低下したことを指摘している（Haller and van Staden, 2014, p. 1194）。しかし、付加価値会計情報を開示する企業が全くなくなったわけではない。ドイツの BMW 社や Henkel 社は、アニュアルレポートの中で付加価値計算書を開示しており、また、企業に統合報告を義務づけている南アフリカでは、付加価値計算書が強制ではないものの、一般的な報告ツールとなっているという（ibid., p. 1195）。さらに、「持続可能性報告の中で、付加価値情報は社会に対して企業が与える経済的なインパクトの指標として使われるようになった」(ibid., p. 1195) と述べている。

　Haller と van Staden は、このあと付加価値概念と統合報告の目的および基本概念との関係、統合報告の6つの資本および6つの指導原則との適合性について論じている。国際統合報告フレームワークによれば、統合報告書の主たる目的は、財務資本の提供者に対し、組織がどのように長期にわたり価値を創造するかを説明することである（IIRC, 2013b, p. 7）。また、「統合報告書は、従業員、顧客、サプライヤー、事業パートナー、地域社会、立法者、規制当局、および政策立案者を含む、組織の長期にわたる価値創造能力に関心をもつすべてのステークホルダーにとって有益なものとなる」(ibid., p. 7) とも説明されている。これらの点を踏まえて、Haller と van Staden は、「付加価値は企業の価値創造に関する幅広い概念であり、付加価値の測定とその内容を開示することは国および社会、ならびに従業員、資本提供者に帰属するすべての成果を表している」(Haller and van Staden, 2014, p. 1196) と述べている。また、

117

「その根底にあるのがステークホルダー理論[2]である」(ibid., p. 1196) と指摘する。加えて、「付加価値計算書は、多様なステークホルダーの利益を満たす企業の成功を表すものであり、純利益よりもより多くのもの、すなわち、国の経済に対する企業の貢献（富の増加）を示している」(ibid., p. 1197) という。したがって、「付加価値は、価値創造についての中心的要素として、経済および社会に対する企業の影響力を明らかにするものである」(ibid., p. 1197) というのが彼らの主張である。

　またHallerとvan Stadenは、国際統合報告フレームワークの基本概念である6つの資本（財務、製造、知的、人的、社会・関係、自然の各資本）と付加価値概念との適合性について、付加価値の持つ経済面（企業の業績）と社会面（成果の分配）という二面性から検討している。すなわち、「付加価値概念の二面性は、企業価値を形成する6つの資本に関するフレームワークの基礎概念によく当てはまる」(Haller and van Staden, 2014, pp. 1197-1198) と主張する。とくに、社会面からみた場合の付加価値は、人的資本（給与、教育訓練費、その他の福利厚生費）と、財務資本（利子および配当）、さらに社会・関係資本（税金、その他地域社会や慈善団体への寄付など）に関する情報を提供するものであるという。これに対し付加価値の経済面からは、製造資本（購入する製品、原材料、使用した資産の減価償却費）を明らかにできるという (Haller and van Staden, 2014, pp. 1197-1198)。このほか、付加価値は知的資本の情報にもなり得るが、自然資本に関する分配を何も示していないと述べている。さらに、「付加価値は『統合思考（組織内の様々な事業単位および機能単位と、組織が利用し影響を与える資本との間の関係についての組織の能動的な考察（IIRC, 2013a, p. 2)）』をも取り込んでいる」(ibid., p. 1198) という。このように、付加価値概念が国際統合報告フレームワークの6つの資本による価値創造のかなりの部分をカバーできる情報として、統合報告との適合度

---

[2]　ステークホルダー理論とは、企業は株主や投資家の利益だけを求めるのではなく、企業をとりまく様々なステークホルダーの利益や満足感を考えて経営されるべきだという考え方である。

が高いことが主張されている。

　次に Haller と van Staden は、付加価値概念と統合報告の指導原則との適合性について言及している。国際統合報告フレームワークは、「戦略的焦点と将来志向」「情報の結合性」「ステークホルダー対応性」「重要性と簡潔性」「信頼性と完全性」「一貫性と比較可能性」という6つの指導原則を掲げている。Haller と van Staden は、付加価値概念にもとづく付加価値会計情報は、これら6つの指導原則に合致している、あるいはこれらの原則を反映した情報であることを論じている（ibid., pp. 1199-1202）。さらに彼らは、統合報告に適合した付加価値計算書のモデルを提案している（ibid, p. 1205）。図表4.3に示すように、付加価値の源泉についての計算書と付加価値の分配に関する計算書の2つのパターンを提案している。

　上記の分析を通じて、Haller と van Staden は、付加価値会計情報が統合報告に対する大きな有用性をもっていると結論づける（ibid., pp. 1204-1207）。特徴的なことは、ステークホルダー理論に立脚し、付加価値会計情報が国際統合報告フレームワークの6つの資本、および6つの指導原則を十分にカバーできるとの分析から、統合報告における付加価値会計情報の有用性を主張している点である。同時に、付加価値会計情報の限界については、次の2点を挙げている。第1の限界は、付加価値会計情報が自然資本と他の資本との相互関係に対応した情報を与えていない点である。第2の限界は、付加価値会計情報は貨幣で測定または換算することができない情報を把握することができないということである。

4.2.2　サステナビリティからみた付加価値会計情報

　統合報告と付加価値会計情報を巡っては、わが国の研究者からも統合報告の定量的な情報として付加価値会計情報がふさわしいという提案が行われている。阪（2015）は、長寿企業の分析を通じて、統合報告の重要業績指標（Key Performance Indicator：KPI）として付加価値会計情報を提言している。

　阪によれば、「統合報告は、従来は異なるチャンネルを通じて開示されてい

表 4.3　Haller と van Staden が提案している付加価値計算書

パネルA　付加価値の源泉についての計算書		
売上高		×××
−　購入した原材料・サービス費用（M＆S）	××
−　製品在庫または仕掛品の減少	××
事業による売上高ベースの粗付加価値		×××
＋　製品在庫または仕掛品の増加（購入したM＆S関連を除く）	××
＋　自社で生産した固定資産（購入したM＆S関連を除く）	××
事業による生産高ベースの粗付加価値		×××
＋　無形資産からの収入（購入したM＆S関連を除く）	××
＋　その他の事業収入（購入したM＆S関連を除く）	××
事業による粗付加価値		×××
−　有形固定資産の減価償却費	××
−　無形資産の減価償却費	××
事業による純付加価値		×××
＋　投資および他の財務的施策からの利益	××
純付加価値		×××
＋／−　特別な項目による付加価値	××
＋／−　非継続事業による付加価値	××
創造した付加価値の総計		×××

パネルB　付加価値の分配に関する計算書		
従業員への分配		
給与支払総額		
＋　源泉所得税	××
＋　社会保険料	××
＋　年金割増金	××
＋　その他従業員に対する付加給付	××
＋　賞与	××
従業員への分配合計		×××
政府および社会への分配		
所得税	××
＋　間接税（例えば付加価値税、料金、関税）	××
＋　その他公共料金および税	××
−　（政府からの）補助金	××
政府への分配		
＋　その他の社会貢献、例えば寄付、社会貢献活動など）	××
公共および社会への分配合計		×××
資本提供者への分配		
支払利息	××
＋　株主への配当金その他	××
資本提供者への分配		×××
内部留保の付加価値		
＋／−　残余所得の付加または減少	××
		×××
付加価値の分配総計		×××

出典：Haller and van Staden,（2014），p. 1205.

第4章　統合報告と付加価値会計情報

た情報を俯瞰的に提示するものである。したがって、ステークホルダーは、ま
ず統合報告書を読み企業の全体像を理解したうえで、財務報告書やCSR報告
書などの個別の報告書を読むことになる。すなわち、統合報告書は、企業を理
解しようとするすべてのステークホルダーにとっての共通の入り口の役割を担
うものであり、この共通の入り口の役割を果たすためにKPIが重要な要素と
なる」（阪，2015，p. 98）と述べている。また、「企業がステークホルダーに
どのように配慮しているかを財務的側面から明らかにするのが付加価値情報で
ある」（同上，p. 100）としている。

　阪の論点の特徴は、企業の社会的な側面から長寿企業の実態分析にもとづ
き、統合報告のKPIとして付加価値会計情報の有用性を提言している点にあ
る。すなわち、長寿企業に共通する経営の基盤は、近江商人の「三方よし」に
代表されるように、顧客、取引先等のステークホルダーとの長期的関係による
信頼の重視にある。こうした経営姿勢は現在の企業にも引き継がれており、そ
こでは、すべてのステークホルダーのための利潤という考え方がとられてい
る。そして、ステークホルダー全員の利益を重視し長期の信頼関係を大切にす
るという考え方は、会計的観点から付加価値の考え方に通じるという（同上，
p. 104）。

　また阪は、このようなステークホルダーと長期にわたって良好な関係を重視
する長寿企業について、大鹿との共同研究を紹介している。この共同研究は、
サステナビリティを実現した企業と位置づけ、創業100年以上の長寿企業が
10社以上存在する34か国における企業を対象として、長寿企業とそうでない
企業との調査分析（Oshika and Saka, 2014）を行ったものである。それによ
ると、「長寿企業では、株主以外への付加価値分配率（労働分配率、金融費用
分配率、租税分配率）が非長寿企業に比べて高いこと、さらに、長寿企業の付
加価値率（分配額÷売上高）は非長寿企業に比べて高く、株主への付加価値率
（株主分配額÷売上高）は高い[3]ことが明らかにされている」（阪，2015，p.
106）という。この結果をもとに、阪は「長寿企業では、分配を通して継続的
な社会的貢献を果たし、ステークホルダー共生型で、安定的にWin-Win関係

121

を構築するようなステークホルダー・マネジメントが実践されていることを示している。これによって、サステナビリティを判断するための統合報告における財務 KPI として付加価値情報が有用であるという Haller and van Staden, (2014) の主張が初めて証拠づけられた」(阪，2015，pp. 106-107) と結論づけている。阪の論文は、統合報告を企業の全体像を理解するための入口と位置づけ、付加価値の継続的な分配を通じたサステナブルな経営にとって、統合報告の KPI として付加価値会計情報が有用との考えを示したものであるといえよう。

4.2.3 アカウンタビリティからみた付加価値会計情報

牟禮 (2015) は、損益計算会計と付加価値会計との違いを対比させながら、付加価値会計情報の意義と統合報告への役割について考察している。牟禮によれば、「損益計算会計では、利益は自己資本（財務資本）の所有主に帰属する持分として計算され、財務資本以外の資本の提供者に対する支払い（報酬）は利益獲得のための費用（価値の減少）となる。これに対し、付加価値会計は、企業が新たに生み出した価値を認識し、そこから多様な資本の拠出者への価値を分配したと考えるものである。したがって、付加価値会計は、企業が新たに生み出した価値の大きさを示すとともに、各ステークホルダーの貢献額を直接的に示す役割を果たすものである」(牟禮，2015，p. 153) という。これは、先述の水口の付加価値会計情報の考え方と同義といえよう。牟禮はまた、わが国の統合報告書では付加価値情報を開示している例はほとんど見られないのに対し、海外では統合報告書の中に、広く経済価値情報を含めた形で付加価値情報を開示している企業が多いという事実を紹介している。

こうした分析を通して牟禮は、「付加価値の分配情報は、ステークホルダー

---

3) 株主以外への分配率が高く、かつ株主への付加価値率が高いということは、「長寿企業では株主以外への分配割合が多いことから株主分配率は低くなるが、その金額自体が大きいことから株主も十分な分配がなされている」(阪，2015，p. 106) ということである。

に対する直接的な貢献を示すことから、サステナビリティ報告のみならず、統合報告においてもアカウンタビリティを高めることができる」（牟禮，2015，p. 156）と結論づけている。また、付加価値情報は、既存の会計システムから導き出されるため客観性が高く、作成に多くのコストをかけることもなく、しかも理解しやすいとも述べている。さらに、「財務以外の資本についても財務的に表すことから、国際統合報告フレームワークのいう『情報の結合性』を持たせた開示が可能になる」（同上，p. 156）と論じている。付加価値会計情報の限界としては、付加価値会計情報の量的な側面だけで社会的価値や企業価値が評価できるわけではなく、質的な吟味が必要となること、また付加価値会計情報はあくまでもフロー情報に止まることが挙げられている。

4.2.4　付加価値会計情報とステークホルダー志向の経営

　以上、統合報告の登場とあいまって、統合報告に適した定量的な情報として付加価値会計情報を支持する論点を紹介した。これらの論点は、いわば1970年代に関心を集め、1980年代以降、急速に忘れ去られてしまった感がある付加価値会計情報への回帰論とみられる。

　これらの付加価値への回帰論に共通しているのは、いずれも前出のステークホルダー理論をもとにした経営観をベースにしている点である。法的には企業は株主のものであって、企業価値とは株主価値を指す。しかし、企業は株主だけのために存在しているのではない。顧客、取引先、従業員、地域コミュニティ、中央政府および地方自治体などステークホルダーの存在があってこそ、今日の企業が成り立っている。しかもわが国の経営者の多くは、企業は株主だけのものではなく、株主以外の幅広いステークホルダーの存在を大切にする経営観を持っている[4]。

---

4)　櫻井は、企業価値は経済価値だけか、それとも社会価値や組織価値を含むかという質問に対し、後者を支持する回答が88％あったことから、日本の主要企業の経営者は、欧米人とは違って、企業価値を経済価値とイコールの関係では考えていないと指摘している（櫻井，2015，p. 67）。

幅広いステークホルダーを大切にする経営観について、Freeman らは「ステークホルダー資本主義（Stakeholder Capitalism）」（Freeman et al., 2007, pp. 4-6）を提唱している。ステークホルダー資本主義は、「企業とはまさに、ステークホルダーが互いに価値を創造するために共同的で協働的な事業に従事する手段である」（Freeman and Read, 1983, p. 89）という企業観に立ったものである。さらに Freeman and Read は、ステークホルダーについて広義と狭義の2つの定義を行っている。広義の定義は、「ステークホルダーとは、企業目的の達成に影響を及ぼすことができる、あるいは企業目的の達成によって影響を受ける特定のグループもしくは個人」（ibid., p. 89）というものである。また、狭義の定義とは、「企業が生き残り続けるために依存する特定のグループもしくは個人」（ibid., p. 89）というもので、この狭義の定義が、企業の主要なステークホルダーに当たる。

　こうした2つの定義をもとに、Freeman らは、ステークホルダーについて、主要なステークホルダーと副次的なステークホルダーという2つのグループに分けている（図4.2）。ステークホルダーといえば、通常、主要なステークホルダーの中の顧客、従業員、サプライヤー、金融機関、地域社会のことである。図4.2は、これらの主要なステークホルダーに加えて、政府、競争相手、消費者団体、特別利害団体、メディアを、企業に影響を与える存在という意味で、副次的なステークホルダーとする考え方を示している。主要なステークホルダーと副次的なステークホルダーの2つのグループは、広義のステークホルダーの定義に当てはまるものである。

　付加価値会計情報は、ステークホルダーを構成する2つのグループのうち、主要なステークホルダーに対する経済的価値の分配を表わしたものである。統合報告の登場とあいまって主張されるようになった付加価値会計情報への回帰論は、付加価値会計情報がもつ分配機能を重視し、統合報告を用いて、全ステークホルダーを念頭に置いた経営の実現を狙いとしたものといえよう。

第 4 章　統合報告と付加価値会計情報

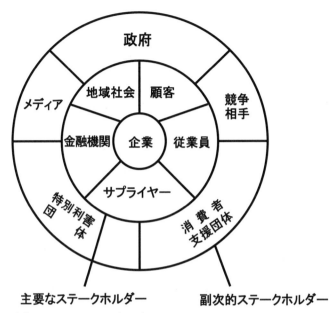

出典：Freeman et al.（2007），p. 7.
図 4.2　ステークホルダーの 2 つのグループ

4.3　日本企業における付加価値会計情報の活用状況

　今日、付加価値会計情報に対する企業の関心が薄れたといっても、付加価値会計情報がまったく見られなくなったわけではない。わが国では、付加価値会計情報は、財務諸表分析における生産性分析の指標として、また、アメーバ経営における経営管理の指標として、さらに、GRI ガイドライン（G4）の経済性指標をもとにした企業の持続可能性報告書や CSR 報告書、あるいは統合報告書の指標として今も使われている。

4.3.1　生産性分析の指標としての付加価値会計情報

　財務諸表分析は、「企業の利害関係者（経営者、投資家など）が合理的な経

済的意思決定を行うために、その企業の現状と問題点を把握する必要上、企業が公表した財務諸表を分析し、比較し、解釈すること」（岡本ほか，2008，p. 29）である。この財務諸表分析の1つに、収益性分析や安全性分析と並んで生産性分析がある。この生産性分析に付加価値会計情報が使われている。

生産性分析は、企業の活動が効率的に行われているかどうかを判断するために行われる。生産性とは、産出量（分子）と投入量（分母）の比率のことで、産出量（分子）に付加価値額が用いられるのが一般的である。生産性分析の代表的な指標が付加価値労働生産性である。付加価値労働生産性は、従業員1人あたりの付加価値額であり、以下の（3）式で計算する（岡本ほか，2008，p. 51）。付加価値労働生産性の値が大きいほど、経営活動が効率的に行われていることになり、これを時系列でみたり、同業他社と比較したりすることができる。

付加価値労働生産性＝付加価値額÷平均従業員数・・・(3)

また（3）式は、平均有形固定資産有高を用いて（4）式のように分解することができる。(4)式は、付加価値労働生産性が、従業員1人あたりの有形固定資産（労働装備率）と有形固定資産1単位あたりの付加価値額（設備生産性）の積に分解できることを示している。(4)式は、付加価値労働生産性を高めるために、労働装備率を上げるか、設備生産性を高めるか、あるいは両方を高めていくことが必要となることを示したものである。さらに（4）式のなかの設備生産性は、売上高を使って、有形固定資産回転率（売上高÷平均有形固定資産有高）と付加価値率（付加価値額÷売上高）の積に分解することもできる。

付加価値労働生産性＝（有形固定資産有高÷従業員数）

×（付加価値額÷有形固定資産有高）・・・(4)

このような形で、生産性分析に付加価値会計情報が使われている。付加価値会計情報は生産性指標との相性がよいといえる。付加価値労働生産性や付加価値率などの指標は、企業の収益性の指標に重要な影響を及ぼしている（桜井，2011，p. 191）。したがって、企業の収益性を分析するときには、付加価値会計情報にもとづく生産性分析を含めた形での評価が必要とされている。

第 4 章　統合報告と付加価値会計情報

表 4.4　製造原価明細書の様式（例）
製造原価明細書

（単位：百万円）

期間 科目	第 77 期［自平成 25 年 4 月 1 日、 至平成 26 年 3 月 31 日］		第 78 期［自平成 26 年 4 月 1 日、 至平成 27 年 3 月 31 日］	
	金　額	構成比	金　額	構成比
1．原材料費	987,592	59.6%	1,178,385	64.0%
2．労務費	279,807	16.9%	274,388	14.9%
3．経費	389,752	23.5%	388,534	21.1%
（うち減価償却費）	76,560	4.6%	69,553	3.8%
（うち外注加工費）	103,023	6.2%	124,343	6.8%
当期総製造費用	1,657,151	100.0%	1,841,307	100.0%
期首仕掛品棚卸高	173,211		140,144	
計	1,830,362		1,981,451	
期末仕掛品棚卸高	140,144		127,696	
当期製品製造原価	1,690,218		1,853,755	

出典：櫻井（2014），p. 62。

　しかし今日、外部者が特定企業の付加価値額を計算することが難しくなっている。付加価値額の計算には、製造原価明細書（表 4.4）のなかの労務費データが必要である。それが現在、もともと連結の製造原価明細書が公表されていなかったうえに、これまで企業単体で公表されていた製造原価明細書の開示が任意になった[5]。したがって今は、外部者が付加価値会計情報を用いた生産性分析を行うことができなくなっている。

4.3.2　アメーバ経営の経営管理指標としての付加価値会計情報

　アメーバ経営は、京セラの創業者である稲盛和夫氏が、京セラの経営理念である「全員参加の経営」を実現するために考案した独自の経営手法である。ア

---

5)　2014 年 3 月 31 日以降、有価証券報告書における単体の開示項目が簡素化され、連結財務諸表を作成している上場企業は単体の製造原価明細書の開示が免除されることになった。

メーバ経営の特徴は、組織をアメーバと呼ばれる小集団に細分して、アメーバごとに計画目標を達成したかどうかをチェックする経営管理体制をとっている点にある。アメーバ経営は、このような小集団を管理の基本単位として、全員参加の経営を実践している。その管理指標が「時間あたり採算制度」の中に組み込まれた「時間あたり付加価値」である。

　稲盛氏は、自身が公表している Official Site の中で、「経営とは非常にシンプルなもので、その基本はいかにして売上げを大きくし、いかにして使う経費を小さくするかということに尽きます。利益とはその差であって、結果として出てくるものにすぎません」と述べている。この経営理念を具現化したものが時間あたり付加価値である。すなわち、時間あたり付加価値とは、売上げから経費（労務費は含まれない）を引いた額を直接作業時間で除して求められる。これは、直接作業時間1単位あたりの付加価値労働生産性に等しい。

　表4.5は、京セラの製造部門における時間あたり採算表を例示したものである。表4.5の項目の一番上にある総出荷は、社外出荷と社内売を足したものである。総出荷から社内買を引くと部門の総生産が計算される。総生産から原材料費をはじめとするいろいろな経費の合計を控除したものが差引売上である。この差引売上には人件費が含まれておらず、これが当該部門の付加価値額となる。差引売上を総労働時間で除したものが時間あたり付加価値である。この京セラのアメーバ経営における時間あたり付加価値について、水野（2008）は、「付加価値管理会計[6]の具体的な適用と展開の一形態」（水野, 2008, p. 88）と位置づけている。

　時間あたり付加価値の考え方は、稲盛氏がもともと付加価値概念に関心をもっていたからではなく、自身の経営理念と付加価値概念とがたまたま合致した結果ではないかと考えられる。稲盛氏は、時間あたり付加価値の考え方をとりいれた経緯について、「この部門がいくらの利益を出したかを計算する場合には、人件費を経費の欄に入れなければなりません。しかし、そうすると少人

---

6)　付加価値管理会計は、「付加価値指標を経営管理のために活用する理論と技法」（水野, 2008, p. 86）である。

第4章　統合報告と付加価値会計情報

表4.5　京セラの時間あたり採算表（製造部門）の例

項　目	予　定	実　績
総出荷		
社外出荷		
社内売		
社内買		
総生産		
控除額		
原材料費 　金具費 　商品仕入高 　金型費 　一般外注費 　…… 　…… 　内部技術料 　営業・本社経費		
差引売上		
総時間		
当月時間当たり		
時間当たり生産高		

出典：アメーバ経営学術研究会（2010），p. 10。

数のアメーバの場合、その部門の課長や係長の給料や従業員の給料まで全部わかってしまうことになります。それでは会社のなかの雰囲気が悪くなると思いましたので、あまり赤裸々に社員の給料まで公開しないために人件費は経費に入れませんでした。入れない代わりに、総時間で付加価値を割った時間あたりの付加価値を計算して採算性の指標としたのです」（アメーバ経営学術研究会，2010，pp. 10–11）と説明している。稲盛氏の Official Site によれば、アメーバ経営は、京セラのほか、稲盛氏が関わった KDDI や日本航空[7]をはじめ600

社ほどの企業に導入されている。また、わが国には、アメーバ経営を導入していなくても、稲盛氏の経営理念に賛同する経営者が多い[8]。したがって、付加価値会計情報は、今後もアメーバ経営の重要な経営管理指標として活用されていくものと思われる。

4.3.3　GRIガイドライン（G4）の経済性指標としての付加価値会計情報

　統合報告書は、国際統合報告フレームワーク以外にも、持続可能性や企業の社会的責任、環境会計などに関するいくつかのガイドラインを参照して作成されているケースが多い。その代表的なガイドラインがGlobal Reporting Initiative（GRI）のガイドラインである。わが国企業の統合報告書にも、GRIの3.1版ないし4版を参照しているものが多くみられる。このGRIのガイドライン（G4）の経済性指標の中に、開示されるべき情報の1つとして付加価値の考え方が提示されている（表4.6）。

　GRI（G4）は、企業の全世界の事業所を対象として、「創出、分配した直接的経済価値（Economic Value Generated and Distributed：EVG&D）」を発生主義ベースで報告することを求めている。表4.6の創出した直接的経済価値は収益である。また、分配した経済価値としては、事業コスト、従業員給与と福利厚生費、資本提供者に対する支払い（配当）、政府に対する支払い（租税公課、国別）、コミュニティへの投資の5つが挙げられている。創出した直接的経済価値から分配した経済価値を引いたものが留保している経済価値である。前出の牟禮（2015）によれば、「GRIガイドラインの体系は、前給付を控除した付加価値を算出しているものではないため、本来の付加価値会計とはいえないが、分配の視点を強調している点で、ステークホルダーとの関係を明瞭

---

7)　水野（2012）は、日本航空再生におけるアメーバ経営導入に関して、「JALの再生にアメーバ経営は決定的な役割を果たした」（水野，2012，p. 144）と述べている。

8)　新原（2003）は、稲盛氏は、その経営哲学や人間的魅力、若手経営者の育成の面で、他の経営者から注目を集めているという調査結果（新原，2003，p. 314）を紹介している。

第4章　統合報告と付加価値会計情報

表 4.6　GRI ガイドラインにおける付加価値会計情報（G4-EC1）

創出、分配した直接的経済価値
a．創出、分配した直接的経済価値（EVG&D）を発生主義ベースで報告する。
　これには、組織の全世界の事業所について、次に一覧表示する基本要素を含
　める。
　　・創出した直接的経済価値
　　　　－収益
　　・分配した経済価値
　　　　－事業コスト
　　　　－従業員給与と福利厚生費
　　　　－資本提供者に対する支払い（配当）
　　　　－政府に対する支払い（租税公課、国別）
　　　　－コミュニティへの投資
　　・留保される経済価値（「創出した直接的経済価値」－「分配した経済価
　　　値」）
b．地域に対する経済的な影響をより適切に評価するため、影響が著しいものに
　ついて EVG&D を国、地域、市場レベルに分けて報告する。また「著しい」
　と判断する基準を報告する。

出典：GRI（2013），p. 48.

に示す計算構造となっている」（牟禮，2015，p. 154）という。

4.3.4　統合報告書で開示された付加価値会計情報

　付加価値会計情報は、企業の持続可能性報告書や統合報告書のなかの会計指標として用いられている。とくに、前述の GRI のガイドライン（G4）を参考にしている統合報告書において、非常に少数ではあるが、付加価値会計情報を開示しているケースがみられる。

　川崎重工業は、統合報告書『Kawasaki Report』のなかで、2013 年版から付加価値会計情報を開示している（表 4.7）。表 4.7 をみると、売上高を提供価値とし、提供価値を取引先（事業コスト）、従業員（給与・賞与）、社会（社会貢献）、政府・行政（法人税等）に分配した結果が創出価値として示されている。さらに創出価値の債権者（支払利息）、株主（少数株主持分[9] ＋支払配

131

表 4.7　川崎重工業が開示している付加価値会計情報

（単位：億円）

	2012 年度	2013 年度	2014 年度
提供価値（売上高）	12,888	13,854	14,861
（提供価値の内訳）			
お取引先	10,475	11,077	11,662
従業員	1,907	2,116	2,315
社会	7	6	7
政府・行政	131	203	303
創出価値	367	451	572
提供価値総額	12,888	13,854	14,861
（創出価値の配分）			
債権者	41	39	37
株主	105	107	173
企業内部等	221	304	361
創出価値総額	367	451	572

出典：川崎重工業（2013, 2014, 2015）をもとに作成。

当額）、内部留保（利益剰余金当期増加額）への配分状況が開示されている。
川崎重工業は、売上高などの主要財務指標の 5 か年間の推移とともにパフォーマンスハイライトの 1 つの指標として付加価値会計情報を開示しており、同社がステークホルダーへの価値配分を重要視していることがうかがえる。
　エーザイは、従来、環境・社会報告書のなかで付加価値会計情報を開示してきた。2015 年度からは、環境・社会報告書を統合報告書と一体化させ、2015

9）　少数株主持分は、2015 年 4 月 1 日から「非支配株主持分」に名称が変更された。

第 4 章　統合報告と付加価値会計情報

表 4.8　エーザイが開示している付加価値会計情報

付加価値分配の内訳　　　　　　　　　　　　　（百万円）

従業員	136,122
役員	1,671
株主	43,010
債権者	4,676
国・地方自治体（行政）	4,628
社会	2,071
内部留保	444

出典：エーザイ（2015）, p. 69。

年版の統合報告書のなかで付加価値会計情報を開示している（表 4.8）。エーザイが開示している付加価値会計情報は「ステークホルダーズの皆様への付加価値の分配」というタイトルがつけられており、従業員、役員、株主、債権者、国・地方自治体（行政）、社会、内部留保に対する付加価値の分配状況が開示されている。さらに、分配した付加価値の一部が新たな医薬品を生み出すための研究開発に投資され、創薬によってさらなる価値がもたらされるという好循環を説明している。

　宝印刷の調査によれば、わが国では 224 の企業が統合報告書を開示している（2015 年 12 月末現在）。しかし、その中で付加価値会計情報を開示しているのは、上記の川崎重工業『Kawasaki Report 2015』とエーザイ『統合報告書 2015』の統合報告書だけである。このようにわが国企業の統合報告書をみると、付加価値会計情報を開示している企業は非常に少ないのが現状である。

4.4　付加価値会計情報の統合報告への役立ちと限界

　付加価値は利害関係者に対する分配の原資であり、付加価値会計情報は利害関係者への分配状況を明らかにした会計情報である。本節では、付加価値会計

情報の統合報告への役立ちと限界について検討結果を述べる。

4.4.1　付加価値会計情報の有用性と必要性

　第1節で述べたように、1970年代に付加価値概念に関心が寄せられた背景
は、企業の社会性が強まったことであった。山上（1983）は、「付加価値会計
導入の社会的背景は、企業が社会的性格をおびてきたことである」と述べてい
る（山上，1983，p. 13）。企業の社会的性格とは、企業は自社のことだけを考
えていればよいのではなく、社会のなかの企業という認識をもつ必要があると
いう見方を意味している。企業が社会との関係性を無視できなくなった時代の
到来である。ここでいう企業と社会との関係性とは、具体的には企業と利害関
係者との関係性、とりわけ経営活動の成果の分配関係を意味していると考えら
れる。利害関係者への分配状況についての情報を開示するため、従来の損益計
算とは異なる利益概念が必要となった。それが付加価値概念であり、付加価値
を計算することを目的とした会計が付加価値会計である。

　付加価値概念が生まれてきた経緯とそれをもとにした付加価値会計登場の意
義について、日本会計研究学会・付加価値会計特別委員会「付加価値会計特別
委員会」中間報告（昭和48年度報告、1974年発表）は次のようにまとめてい
る。「今日一般に制度として行われている企業会計は、利潤計算（または損益
計算）を主目的とする利潤会計である。（中略）しかし、このような利潤会計
は変貌する現代社会において多くの問題点をもつようになり、現実の企業の財
政状態・経営成績・あるいは企業の社会経済的貢献度の把握のためには十分な
役立ちを果たしえなくなりつつある。このようにして、企業がその存立する社
会経済のために生み出した経済価値を測定し、同時にそれの利害関係者への分
配状態を明らかにする会計が要求されるに至った。付加価値会計の成立の意義
がここに求められる」。これをみると、付加価値会計情報は、従来の損益計算
では表すことができない企業の社会への貢献度を示す新しい利益情報として当
時の期待と関心が寄せられたことが理解できる。

　付加価値会計情報は、従業員、株主、債権者、取引先、政府・行政、地域社

第4章　統合報告と付加価値会計情報

会などのすべての利害関係者に関わる利益を貨幣額で示したものである。そうした利益を分配した結果を開示するために作成されたものが付加価値計算書である。したがって、付加価値会計情報は利害関係者の利害調整の面、とくに企業の活動成果の分配の面で重要な役割を担うものであったといえよう。しかし、第3節で述べたように、今日、付加価値会計情報は、ステークホルダー間での利害調整というよりは、生産性分析に必要な財務データ、あるいはアメーバ経営の経営管理指標、または持続可能性報告書などの社会貢献指標としてしか活用されていないという現実がある。

こうした現実を踏まえると、現代の社会が、ステークホルダー間での利害調整の結果としての分配状況を示す付加価値会計情報について、それを必要なものとしていないのではないだろうか。そうだとすれば、今日の社会において、付加価値会計情報が、インサイドアウト・アプローチの情報開示としてその意味をなしていないということになる。企業が、ステークホルダーの利益のために、どのような戦略にもとづいてどのような経営管理を行い、どのような成果を達成したのかという情報を開示する場合、付加価値会計情報の有用性がほとんど認識されていないのが現実の姿ではないかと思われる。

4.4.2　統合報告における付加価値会計情報の役立ちと限界

統合報告は長期にわたる企業の価値創造を説明する外部報告である。統合報告では、企業は、どのような企業理念・ビジョン・戦略にしたがって価値創造を行い、どのような成果を生みだしているのか、またこれから先、どのような戦略目標を立て、何を実現しようとしているのか、さらに価値創造を行う基盤としてどのような経営資源を備え、どのような経営管理システムを構築しているのか、といったことに関する情報開示が中心となる。これらのほとんどは財務情報では説明することができない非財務情報である。

付加価値会計情報は財務情報の1つである。たとえば、前節で示した川崎重工業の付加価値会計情報を例にとると、提供価値は顧客価値に相当すると考えられる。また取引先への分配額は取引先価値、従業員への分配額は従業員価

135

値、政府・行政への分配額は社会価値、債権者への分配額は債権者価値、株主への分配額は株主価値を表しているとみられる。しかし、それらの価値は貨幣的価値で表示されたものにすぎない。すなわち、付加価値会計情報は、企業の価値創造の限られた部分しか説明しておらず、とくに非財務情報については説明することができない。このことは、Haller と van Staden が、付加価値会計情報の限界の1つとして指摘しているとおりである。しかも非財務情報の大部分は、研究開発、コーポレート・ガバナンス、人材育成、環境対応、CSR など戦略を中心とした企業の価値創造の基盤となるインタンジブルズに関係した情報である。したがって、付加価値会計情報は、企業の価値創造を中心テーマとした統合報告においては、定量的な情報の1つに数えられるにしても、それだけでは不十分といわねばならない。また、インサイドアウト・アプローチの視点を重視し、企業に対して何らかの形で付加価値会計情報の開示を求めるのであれば、GRI のガイドライン（G4）のような形で、企業が付加価値会計情報を積極的に統合報告のなかで開示していこうとする誘導策が求められよう。

4.4.3　財務情報を補完する会計情報の1つとしての付加価値会計情報

　それよりも大切なことは、株主を含めたステークホルダーを経営のよきパートナーと位置づけ、ステークホルダー・エンゲージメント（ステークホルダーとの対話）を重視することである。伊藤（2016）は、日本企業が統合報告を開示する理由として、ステークホルダーとの対話を挙げている（伊藤，2016，p. 123）。また、「ステークホルダーとの対話は、戦略の策定と実行にとって効果的な対話でなければならない」（同上，p. 127）と、戦略の策定と実行と結びつけたステークホルダー・エンゲージメントがポイントになることを強調している。

　ステークホルダーとの対話を重視する観点に立つと、統合報告は、全ステークホルダーを念頭においた経営や付加価値会計情報に回帰することを一義的に求めるよりも、それを超えたさらに先の展開をめざして活用されるべきである。具体的には、ステークホルダー・エンゲージメントを通じた企業の戦略策

定への情報利用ツールとして位置づけていくことが必要と考える。同時に企業
は、戦略の策定と実行のマネジメントを推進していくために、統合報告を積極
的に活用していくことが望まれる。そのとき、付加価値会計情報は、財務情報
を補完する会計情報の1つとしての役割を果たすことになろう。

こうした考えは、外部報告という情報開示（一方的）から企業側の戦略のた
めの情報利用（双方向的）への新しい展開である。第1節で示した表4.2のツ
イン・アプローチは、情報開示ではあるが、情報利用と同じような方向をめざ
したもののように思われる。いずれにしても、統合報告を活用したステークホ
ルダー・エンゲージメントによる戦略策定への情報利用を重視する考え方は、
情報開示のアウトサイドイン・アプローチおよびインサイドアウト・アプロー
チを超える可能性をもった管理会計的色彩の濃いアプローチといえよう。

まとめ

本章の目的は、統合報告との関係において、付加価値会計情報がインサイド
アウト・アプローチ（内部経営管理に関する情報をステークホルダーに提供す
ること）の視点からの情報開示として有用かどうかについて明らかにすること
であった。まず先行研究を通じて、社会のなかの企業という認識のもと、付加
価値概念が企業と利害関係者との関係性、具体的には経営活動の成果の分配関
係を考慮した利益概念であることを確認した。また、付加価値を計算すること
を目的とした企業会計が付加価値会計であると位置づけた。

次に、付加価値会計情報が統合報告に適しているという主張について、Hal-
ler and van Staden（2014）をはじめとする3つの論文の論点を紹介した。こ
うした付加価値会計情報への回帰現象に共通してみられたのは、ステークホル
ダー理論にもとづいた経営観が主張のベースとなっていることであった。ま
た、付加価値会計情報の今日的な活用状況について、生産性分析の指標、ア
メーバ経営の経営管理指標、GRI ガイドライン（G4）を参考にした統合報告
における開示情報の例を示した。

これらを踏まえ、インサイドアウト・アプローチの視点から、付加価値会計情報の統合報告への役立ちについて検討した。まず、付加価値会計情報は、かつては利害関係者の利害調整の面（分配面）で重要な役割を担っていたが、今の社会が、利害調整の結果としての付加価値会計情報を必要なものと認識していない現状を指摘した。このことから、付加価値会計情報（とくに分配面）は、今日、インサイドアウト・アプローチとしての情報開示の意味をなしていないのではないかと結論づけた。また、統合報告との関係では、付加価値会計情報は、価値創造の限られた部分しか説明しておらず、非財務情報を説明できないため、必要とされる定量的な情報の1つではあっても、それだけでは不十分との考えを示した。最後に、統合報告をステークホルダー・エンゲージメント（ステークホルダーとの対話）を通じた企業の戦略策定への情報利用のツールとして位置づけ、積極的に活用すべきであることを提案した。

第5章 統合報告を通じた戦略策定への情報利用
―エーザイのステークホルダー・エンゲージメントをもとに―

はじめに

　アニュアルレポートや持続可能性報告書は、今日、企業経営に関する情報開示の手段として定着している。Fasan（2013）によれば、アニュアルレポートは、主として投資家を対象に、会計基準等に準拠した財務情報を中心に情報を開示している。他方、持続可能性報告書は、GRI（Global Reporting Initiative）ガイドラインなどに基づき、非財務情報を中心に、投資家以外のステークホルダーをも対象とした情報を開示している（Fasan, 2013, p. 48）。

　日本の企業も、会社法等で義務づけられている報告以外に、アニュアルレポートや持続可能性報告書、あるいは CSR 報告書を通じて情報開示を行っている。アニュアルレポートには、企業戦略や現在取り組んでいる中期経営計画などに関する非財務情報も開示されている。また、GRI ガイドラインは、新しいバージョンである G4 は戦略的色彩が濃いものになっている。同ガイドラインの G1 から G3.1 に基づく持続可能性報告書は、ガイドラインが求めている開示内容を網羅していることが必要であった。しかし G4 では、企業が持続可能な価値創造に関する戦略を開示する場合、必ずしも取り組みを網羅的に開示する必要はなく、マテリアリティ（重要性）があるかどうかが問われるようになった。さらに近年、アニュアルレポートと持続可能性報告書とを一体化し、財務情報と非財務情報とを統合した統合報告書を公表する企業が増加してい

る[1]。企業は、戦略や中期経営計画をはじめとした企業の価値創造に関する情報を総合的に開示することによって、ステークホルダー・エンゲージメント（stakeholder engagement：ステークホルダーとの対話による絆づくり）に統合報告書を活用することができる。そうであれば、統合報告書には、単に情報開示に止まらず、ステークホルダーに対する情報開示を通じた戦略策定への情報利用という目的もあると考えられる。

国際統合報告評議会（International Integrated Reporting Council：IIRC）の国際統合報告フレームワークは、指導原則の１つにステークホルダーとの関係性を謳っている（IIRC, 2013, pp. 17-18）。ステークホルダーとの関係性とは、統合報告が外部報告であるところから、ステークホルダーへの情報開示を意図した関係性と考えられる。しかし、統合報告書で開示する情報の中心は、戦略と密接に関わった価値創造プロセスである。したがって、戦略に関わる情報開示が、ステークホルダー・エンゲージメントを通じて、企業にとっては戦略策定のための情報収集となる可能性がある。そうであれば、統合報告書は、企業からの情報開示だけでなく、企業にとっての戦略策定への情報利用という目的も考慮されなければならない[2]。

本章の目的は、エーザイ㈱をリサーチサイトとして、企業側の戦略策定への情報利用の観点から、統合報告書における企業の価値創造に関する情報開示とステークホルダー・エンゲージメントのあり方を明らかにすることである。第１節で、企業が作成する報告書の２つの開示目的を示すとともに、情報利用を目的とした統合報告書の管理会計的な役立ちについて述べる。第２節では、情

---

1) 宝印刷の調査によれば、わが国で統合報告書を公表している企業は、2013年に81社だったが、2014年は142社、2015年は224社になっており、ここ数年間で急増している（総合ディスクロージャー＆IR研究所、2016）。

2) 古賀（2015）によれば、統合報告には３つの論点があるという。第１は、統合報告書の報告対象は投資家かステークホルダーかである。第２は、統合報告の目的は内部経営管理か外部報告かである。第３は、統合報告の組織への影響は漸進的かドラスティックかである。本章は第２の論点に焦点を当てたものだが、第１と第３の論点にも若干触れる。

報利用の観点から、ステークホルダー・エンゲージメントの意義について検討する。第3節では、エーザイの統合報告書について、企業価値観および価値創造プロセスの可視化、組織横断的な作業チーム、エンゲージメント・アジェンダなどエーザイの統合報告書の特徴を紹介する。さらに第4節で、情報利用のためのエンゲージメント・アジェンダとしてエーザイがどのような情報を開示しているのかを紹介し、統合報告書を通じた情報利用のあるべき姿を考察する。最後に本章の発見事項をまとめる。

5.1 情報開示と情報利用

5.1.1 情報開示の2つの目的

　統合報告書や持続可能性報告書などステークホルダーに向けて報告書を作成する場合、大きく分けて2つの異なる目的がある（Burritt and Schaltegger, 2010：Schaltegger, 2012a）。第1の開示目的は、外部の法令や制度、ガイドラインなどに準拠していることを開示するために報告することであり、これをアウトサイドイン・アプローチという。これに対して、第2の開示目的は、内部経営管理に関する情報をステークホルダーに開示することであり、これをインサイドアウト・アプローチという。

　南アフリカのように統合報告の開示を法的に定めている国であれば、アウトサイドイン・アプローチは必須のアプローチである。GRIのG1からG3.1までは、開示内容を網羅しているかどうかというチェックリストが示されており、このチェックリストによって基準への準拠性を確認できる。このようなガイドラインに基づいた企業報告もアウトサイドイン・アプローチといえる。このアプローチは、開示情報をステークホルダーの「情報要件に適合させること」と特徴づけることができる（Burritt and Schaltegger, 2010, p. 832）。言い換えれば、「ステークホルダーという外部の期待に関わるガイドラインと要件への適合」である（Schaltegger, 2012a）。

これに対し、インサイドアウト・アプローチは、企業の戦略を開示することにより、経営管理への役立ちを目的としたアプローチである。GRI の G4[3]は、それまでとは違って、持続可能な価値創造に関する戦略の開示というインサイドアウト・アプローチを取り入れた。ステークホルダーに戦略を開示する理由は、企業の戦略を開示することで、ステークホルダーとの齟齬に関わるデータを収集できるからである。その意味で、インサイドアウト・アプローチを「情報収集とコミュニケーションのプロセス」と特徴づけることができる（Burritt and Schaltegger, 2010, p. 832）。インサイドアウト・アプローチとは、経営者の意思決定に有用な情報収集を目的としたステークホルダーとのコミュニケーション・ツールとして情報を開示するものといえよう。さらに、このようなステークホルダーへの情報開示は、業務管理をいかに適切に行っているかを開示するためのものとする考え方もある（Schaltegger, 2012b, p. 186）。

5.1.2　統合報告のねらいとツイン・アプローチ

　これら2つのアプローチ以外に、アウトサイドインとインサイドアウトを併せ持ったツイン・アプローチと呼ばれる情報開示もある（Stubbs and Higgins, 2014, p. 1074）。ツイン・アプローチについて、Schaltegger は、「ステークホルダーの参加、協働的な戦略の策定、外部報告、コミュニケーション、会計を巻き込んだもの」と定義している（Schaltegger, 2012b, p. 186）。これは外部の基準への準拠と経営管理への役立ちという両取りのアプローチであり、アウトサイドイン・アプローチやインサイドアウト・アプローチよりも優れたアプローチのように思われる。

　国際統合報告フレームワークは、統合報告書の主たる目的について、「財務

　3）　GRI は G3.1 までは網羅性を重視しており、チェックリストによって網羅性を保証してきた。ところが、G4 では、戦略性を重視するようになり、チェックリストによって網羅性を担保してもよいし、戦略性の重視という点からチェックリストを無視してもよいことになった。したがって、GRI といっても、G4 以前と以後とではその本質が大きく変わったことがうかがえる。

第5章　統合報告を通じた戦略策定への情報利用

資本提供者に対して、企業がどのように長期にわたり価値を創造するかを説明すること」（IIRC, 2013, p. 8）と述べている。また、「統合報告書は従業員、顧客、サプライヤー、事業パートナー、地域社会、立法者、規制当局、および政策立案者を含む企業の長期にわたる価値創造能力に関心を持つすべてのステークホルダーにとって有益である」と明記している（ibid., p. 8）。このことから、統合報告書は、株主や投資家を対象としてアニュアルレポートを通じて開示される財務情報と、株主や投資家を含む多くのステークホルダーを対象とした持続可能性報告書などで開示される非財務情報の情報開示の両方を目的としていることがうかがえる。

　また国際統合報告フレームワークは、統合報告のねらいとして、①財務資本提供者に対する情報の質の改善、②複数の報告書をまとめる効率的アプローチ、③広範な資本間の相互関係の理解、④統合思考等への貢献、の4点を挙げている（IIRC, 2013, p. 2）。第1の情報の質の改善とは、財務情報だけでなく非財務情報によって意思決定に資する情報を入手できるようにすることである。第2の効率的アプローチとは、複数の報告書を無関連に報告するのではなく、関連づけて長期にわたる価値創造を開示することである。第3の資本間の相互関係の理解とは、企業の経営活動の結果を広範な資本（財務、製造、知的、人的、社会・関係および自然資本）として開示することで、資本間の相互関係を明らかにすることである。第4の統合思考等への貢献とは、企業の短・中・長期の価値創造に焦点を当てた情報を開示することによって、企業の統合思考、意思決定および行動を支援することである。

　この4つの統合報告のねらいについて、内山（2015）は外部への情報提供として、またその提供する情報内容が経営管理活動であるとして、図5.1のような図を描いている。また、統合報告における情報開示は、単に財務情報と非財務情報を一体的に報告するのではなく、より効果的な価値創造となるような情報開示を提案している。内山（2015）は、統合報告書の情報開示について、ツイン・アプローチとみていることが推察される。

143

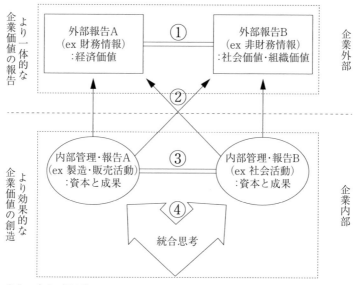

出典：内山（2015），p. 43。
図 5.1　統合報告のねらい

5.1.3　情報利用を目的とした統合報告の管理会計的役立ち

　伊藤（2014b）は、統合報告について、開示目的としてはツイン・アプローチであるが、単に情報開示だけに止まらないと指摘している。それは、「統合報告は、統合報告書によって短期、中期、長期の価値創造についてステークホルダーとコミュニケーションをとるプロセスである」（伊藤，2014b，p. 83）という主張である。この考えに立つと、アウトサイドインかインサイドアウトか、あるいはツイン・アプローチかという議論は、あくまでも外部への情報開示に関する財務会計的な議論であり、管理会計にとっては本質的なものとはいえない。むしろ、統合報告書を用いたステークホルダー・エンゲージメントを通じて、情報開示よりも企業側の戦略策定への情報利用を考えることこそが管理会計にとって重要となる。ここに、管理会計研究者が統合報告を研究する意義があるといえよう。

第5章　統合報告を通じた戦略策定への情報利用

　情報開示と情報利用の両方を考慮に入れた統合報告書を作成するメリットとして、①情報ギャップの解消、②信頼性の向上、③戦略情報への利用という3つが考えられる。第1のメリットは、情報ギャップの解消である。開示情報が財務情報だけでは、ステークホルダーが正しい意思決定ができない。その補完として非財務情報の開示は有益であり必要である。第2のメリットは、ステークホルダーからの信頼性の向上である。価値創造プロセスや戦略など企業内部の非財務情報もステークホルダーへ開示することによって、ステークホルダーからの企業への信頼性が向上する。アニュアルレポートと持続可能性報告書を一体化させるだけでなく、戦略をベースに両報告書が密接に絡んだ報告書へと統合することが信頼性の向上を担保することになる。第3のメリットは、戦略の策定と実行の改善への役立ちである。戦略に関する情報を開示することでステークホルダーとのコミュニケーションを図り、ステークホルダーの意見を取り入れて、戦略の策定と実行に活かすことができる。

　こうした情報開示と戦略策定への情報利用の両方を目的とするためには、国際統合報告フレームワークの3つの基本概念に基づいた統合報告書を通じたステークホルダー・エンゲージメントが必要である。統合報告書において、3つの基本概念である①価値創造、②資本、③価値創造プロセスを開示するとともに、ステークホルダーとの対話を行うことが必須の条件となる。3つの基本概念に則った適切な情報開示が、企業とステークホルダーとの情報ギャップを解消し信頼性を高めることになる。また、ステークホルダーとの対話を通じて、企業側の戦略策定への情報利用が可能となるものと考える。

5.2　ステークホルダー・エンゲージメントの情報利用への役立ち

　本節では、ステークホルダー・エンゲージメントの情報利用への役立ちについて検討する。まず、ステークホルダーの捉え方について、企業はステークホルダー間における利害対立を中心に考えるか、それともすべてのステークホルダーの同時満足を中心に考えるかの観点から考察する。次に、ステークホル

145

ダー・エンゲージメントの定義および目的について述べる。最後に、統合報告書ではステークホルダー・エンゲージメントのために内部情報を開示しているが、経営者にとって内部情報を開示する役立ちについて検討する。

5.2.1 ステークホルダーの関心事に対応した情報開示の必要性

まず、株主とその他のステークホルダーは、利害が対立すると捉えるべきか、それともすべてのステークホルダーを同時に満足させると捉えるべきかについて考察する。この点について、George（2003）は、「ステークホルダーにサービスを提供することと、株主に多額の利益をもたらすこととの間にいささかの矛盾もない。長期的には、一方のステークホルダーを無視して他方のステークホルダーだけを満足させ続けることはできない」（George, 2003, p. 104）という。こうした指摘があるように、株主とその他のステークホルダーを対立概念として捉える必要はないと考えられる。

ステークホルダーは、当然ながらそれぞれ多様な利害を持っている。たとえば、株主は株価の値上がりを期待し、機関投資家は長期的な収益性の増大を企業に要求する。また、従業員は報酬の増加を期待している。さらに、顧客は販売価格の引き下げを、サプライヤーは仕入価格の値上げを求めるかもしれない。税務当局は、税収の確保を重要視するであろう。こうした利害を持つ人々（interested party）の思いをどのように調整するかは、企業が取り組むべき課題の1つである。

利害調整を重要視する議論の根拠は、「企業の目的は、その企業の多様なステークホルダーの相矛盾する要求のバランスをとることから導きだされなければならない」（Ansoff, 1965, p. 51）という主張にみられる。この見解によれば、利害関係者は敵対的関係にあり、これらの利害を調整することが企業の課題である。その結果、たとえば最終的には利害関係者間での利益分配という形で付加価値計算書を作成して、付加価値分配のバランスをとる（Haller and van Staden, 2014）ことが考えられる。

これに対し、Dill（1975）は、企業が戦略的な意思決定をするとき、経済業

績と社会業績に何を含めるべきかについて、ステークホルダーがアイデアを持っているという見解を明らかにした。これは、ステークホルダーを利害の対立した関係を中心にみるのではなく、ステークホルダーの意見が経営者の意思決定に役立つという見方である。Dill によれば、ステークホルダーである「外部構成員の関心事は、製品価格と品質のような短期的な関心事から、長期にわたる戦略的意味合いを持つ環境保全、海外投資政策、雇用問題についての行動へと関心事が大きく変化している」（Dill, 1975, p. 58）という。Dill の主張は、経営者はこうしたステークホルダーの関心事を戦略に取り込む必要があるというものである。経営者がステークホルダー志向の経営をめざすときは、付加価値計算書の作成による利害調整に重点をおくのではなく、ステークホルダーとの対話を推進することにより、ステークホルダーの関心事を戦略策定に役立てようとすること（伊藤、2016b）が大切である。

　Dill はまた、「長い間、ステークホルダーの見解や行動は、企業の戦略的計画とマネジメント・プロセスにとって、外部の課題（externality）として扱われてきた。すなわち、ステークホルダーの見解や行動は、経営者の具体的な意思決定に役立つ情報、かつ意思決定を制約する法律や社会的な制約として扱われてきた。しかし企業は、外部のステークホルダーが経営者の意思決定において積極的な役割を求めるようになっており、またそうした役割を獲得しようとする者が出てくるかもしれないという事実をこれまで認めようとしなかった。今日のこうした動向（move）は、経営者の意思決定に影響を与えるステークホルダーから意思決定に参加するステークホルダーへの変化である」（Dill, 1975, p. 58）とも述べている。

　Dill の主張から 40 年以上が経過した今日、企業にとっては、ステークホルダーとの対話がますます重要となっている。この点について、Freeman and Reed（1983）によれば、Dill は、ステークホルダーとのコミュニケーションを行うことが戦略的な経営者の役割であり、戦略的なプロセスに対してモノをいう Nader's Raiders（消費者団体）のような団体（adversary group）の役割を考慮したという（Freeman and Reed, 1983, p. 90）。これは、企業はステー

クホルダーがもたらす情報を積極的に取り入れていく必要があることを示唆したものである。

5.2.2　ステークホルダー・エンゲージメントを通じた情報利用

　ステークホルダー・エンゲージメントは、企業の社会的責任（corporate social responsibility：CSR）との関連で、ステークホルダーとの良い関係づくりの観点から論じられてきた。AccountAbility[4]は、ステークホルダー・エンゲージメントについて、「企業が決められた成果を達成するという明確な目標のために、適切なステークホルダーを参加させることに利用するプロセス」という定義を提示している（AccountAbility, 2011, p. 4）。この定義は、ステークホルダー・エンゲージメントについての国際基準 AA1000 シリーズ[5]として知られている。一方、谷本は、ステークホルダー・エンゲージメントについて「企業がステークホルダーと建設的な対話を行い、そこでの議論や提案を受けて、経営活動に反映させていくこと（谷本，2006, p. 169）」であると定義している。この 2 つの定義は、いずれも CSR を念頭においたものである。しかし、双方とも、ステークホルダーの参加やステークホルダーの提案を経営活動に反映させていくといった表現に見られるように、ステークホルダーとの対話を通じた情報利用を推奨しているのが特徴的である。

　そもそもエンゲージメントとは、婚約や婚約期間、あることの約束や取り決めを意味する言葉である（Oxford 英語辞典）。このほか、エンゲージする行動そのものや、軍隊の戦闘を意味する場合もある。エンゲージメントという言葉そのものには、対話という意味合いはみられない。なお日本の英和辞典には、よりよい理解のための関わりあいや触れあいという意味が載っている（三省堂 Wisdom 英和辞典）。強いていえば、日本の辞書に載っている意味が対話に近

---

4)　AccountAbility は、イギリスの NGO である。

5)　AA1000 シリーズは、AccountAbility が公表しているステークホルダーへの説明責任を果たし、さらにその取り組みを向上させることを目的とした一連の基準・指針である。

い意味合いといえるかもしれない。このようにエンゲージメントは日本語で表現しにくい用語である。この点について前出の谷本は、「対話を通して、お互いに積極的に関与をすること」（谷本，2006，p. 169）という程度に理解すればよいと述べている。この考え方も対話を通じた情報利用につながるものといえよう。

　国際統合報告フレームワークは、ステークホルダー・エンゲージメントの重要性について次のように述べている。すなわち、「ステークホルダーは、経済、環境および社会的課題などの、ステークホルダー自身にとって重要であると同時に、企業の価値創造能力にも影響を与える事象に関して有用な洞察を提供する。このような洞察は、企業が次のことを進める際の手助けとなり得る」（IIRC, 2013, p. 17）として、ステークホルダーとの対話を通じた情報活用の可能性について言及している。また国際統合報告フレームワークは、日常的な事業活動の中で継続的になされるエンゲージメントと、特定の目的のために実施されるエンゲージメントとに分けて、それぞれの例を挙げている（IIRC, 2013, p. 18）。日常的な事業活動の中で継続的に行われるエンゲージメントには、例えば、顧客やサプライヤーとの日々のやりとり、戦略立案およびリスク評価の一環としての広く継続的なエンゲージメントなどがある。他方、特定の目的のためのエンゲージメントの例には、工場の増築を計画する際の地域社会とのエンゲージメントが挙げられている。前者の中には、戦略立案に関するエンゲージメントが含まれている。国際統合報告フレームワークは、統合報告によるステークホルダー・エンゲージメントを通じた戦略策定への情報利用ということをも想定しているものと思われる。さらに国際統合報告フレームワークは、ステークホルダー・エンゲージメントは「統合思考がビジネスに根付いているほど、事業遂行の通常の局面において、ステークホルダーの正当なニーズおよび関心が十分に考慮されやすくなる」（IIRC, 2013, p. 18）として、統合思考に裏づけされた統合報告書のステークホルダー・エンゲージメントへの有用性を主張している。

　以上のことから、これまでCSRとの関連で議論され実践されてきたステー

クホルダー・エンゲージメントが、経営活動全般へ拡張された形で用いられる可能性がうかがえる。それは、統合報告書を通じた戦略策定への情報利用に通ずるものと考えることができよう。

5.2.3　内部経営管理者への統合報告の役立ち

Eccles and Krzus（2010）は、統合報告書には外的メリットと内的メリットがあることを指摘している。外的メリットとしては、ステークホルダーへ総合的なメッセージを提供することで、企業の情報開示と透明性を向上するという利点が挙げられる。他方、戦略を策定するときには、企業は持続可能な社会を保証するためリスクや機会への適応を真剣に取り組む必要があり、このことが内的メリットをもたらす。統合報告書における情報開示は、情報ギャップの解消と信頼性向上というメリットがあるだけでなく、戦略策定に役立つ内部経営管理者の情報利用というメリットが考えられる。

　管理会計としては、この戦略策定に役立つ内部経営管理者の情報利用という内的メリットに注目することが重要である。情報利用の観点からみると、統合報告書の作成は企業に4つの大きな効果をもたらす（Eccles and Krzus, 2010, pp. 148‐156）。第1に、顧客やサプライヤーとの関係性を特定し、こうしたステークホルダーに対してコミットメントを明確にできる。第2に、コミットメントの明確化によって経営者はより卓越した意思決定ができるようになる。第3の効果として、こうしたコミュニケーションがステークホルダーとの関係性をより深化させていくことができる。第4に、以上の結果として、レピュテーション・リスクが低減する。同様の趣旨で、伊藤（2014a）は、統合報告を用いてステークホルダー・エンゲージメントを行うことが、ステークホルダーだけでなく、企業の経営者にとっても重要なメリットがあることを明らかにしている。

5.3 エーザイ統合報告書の特徴

　本章のリサーチサイトは製薬業のエーザイ[6]である。エーザイでは、2014年から統合報告書を公表している。同社は、国際統合報告フレームワークの基本概念に基づいた統合報告書を作成している。当社の統合報告書は、国際統合報告フレームワークをそのまま適用するのではなく、とくに価値創造プロセスについて、国際統合報告のオクトパス・モデルとバランスト・スコアカードの4つの視点と結びつけて開示している点に特徴がある。また、2014年版はIR部が中心となって関係部署に聞き取り調査するような形で作成されているが、2015年版は組織横断的なチームで作成している。そこで、こうした事実の確認とその理由を探るために、インタビュー調査[7]を行った。以下、インタビュー結果に基づき、エーザイの統合報告書の特徴について紹介する。

5.3.1 エーザイ統合報告書のコンテンツ

　エーザイは、統合報告書を2014年から公表している。2015年版は、次のようなコンテンツで構成されている（表5.1）。

　エーザイ統合報告書2015年版は、表5.1に示したコンテンツからわかるように、国際統合報告フレームワークの基本概念に基づいたものである。特筆すべきは、統合報告書の冒頭に編集方針として価値創造プロセスを掲載し、価値創造プロセスの内容を説明する形で統合報告書全体が形作られている点にある。編集方針を明記している統合報告書は多くあるが、価値創造プロセスを用いて編集方針を説明しているのはエーザイの統合報告書をおいてほかにはない。

---

6) エーザイ㈱は1941年に設立され、売上高5,485億円、従業員10,183人（いずれも2014年度連結）を擁するわが国製薬業界有数の企業である。

7) 2015年9月25日、14時から15時30分まで、同社の常務執行役であるCFO（最高財務責任者）の柳良平氏とIR部の林直子氏にインタビューを行った。

表5.1　エーザイ『統合報告書2015』のコンテンツ

□エーザイとは（価値創造プロセスとフロー、企業理念、歴史、製品紹介、トップ
　メッセージ）
□グローバルブランドの育成と２大フランチャイズの構築（認知症領域とがん領域
　の２つのフランチャイズと２つのグローバルブランド）
□特集（医薬品アクセス向上への取り組み）
□知的資本（研究開発体制、パイプライン、知的財産戦略）
□人的資本（グローバル・マトリクス体制、グローバルなマーケティング体制、社
　員、労働安全衛生への取り組み）
□製造資本（エーザイデマンドシステムズ）
□社会・関係資本（パートナーシップ展開、社会的責任への取り組み）
□自然資本（地球環境に配慮した事業活動）
□財務資本（連結財務ハイライト、セグメント別の情況、財務戦略、中長期的な
　ROE経営、株主還元、株式の情況）
□価値創造を支える仕組み（コーポレートガバナンスの体制、役員一覧、コンプラ
　イアンス・リスク評価）
□会社概要（社会的責任に関する指標と付加価値の分配、会社概要）

出典：エーザイ（2015）, p. 2。

5.3.2　価値創造プロセスの可視化

　エーザイでは、国際統合報告フレームワークの基本概念に基づき、オクトパス・モデルを参考にして、企業理念を前面に出した価値創造プロセスを可視化している（図5.2）。また、バランスト・スコアカードの４つの視点を用いて、オクトパス・モデルのビジネスモデルの部分を説明している。エーザイの価値創造プロセスは、伊藤（2014a）が提案したものと同じ発想で描かれている点が特徴的である。

　エーザイ統合報告書の主たる目的は、機関投資家の正しい意思決定に向けた情報開示にある。また、同社の統合報告書は、機関投資家を対象とした情報開示を目的としているため、戦略などの内部管理のための情報収集というニーズは考えていないとのことである。それならば、情報開示を目的とした統合報告

第5章　統合報告を通じた戦略策定への情報利用

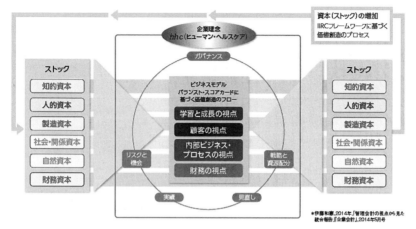

出典：エーザイ（2015），p. 2。
図5.2　エーザイの価値創造プロセス

書を作成するとき、価値創造プロセスの開示はどのような意義があるのだろうか。柳氏は、「投資家からは『非財務資本とエクイティ・スプレッドの価値関連性モデル』だけを見せてくれればよいといわれると思います。彼らは1分で勝負をつける人達ですから、統合報告書1冊全部を読んでいる時間がありません。極端な話ですが、これ一枚だけでよいと思います」という。

柳氏が指摘するように、機関投資家は、非財務資本とエクイティ・スプレッドの価値関連性モデル（図5.3）を用いて、エーザイの戦略とその将来予想を開示することだけを望んでいる。そこで、機関投資家へ説明するときの価値創造プロセスと資本の関係、およびこれらに強く影響を及ぼしているエーザイの企業理念との関係を質問した。柳氏は、「価値創造プロセスは、ストック to ストックであり、国際統合報告フレームワークがいう資本がストックになっています。資本と資本との真ん中をフローの概念としてバランスト・スコアカード、そして根っこにあるのは企業理念です。とくに目的と結果の順番が大切だというのが我々の価値創造の基本です」と、価値創造プロセスにおけるエーザイの企業理念の意義を明らかにしてくれた。

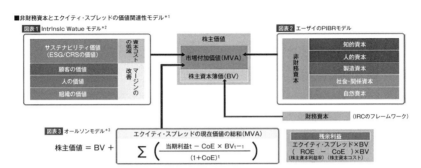

図 5.3　非財務資本とエクイティ・スプレッドの価値関連性モデル

5.3.3　CSR に基づいた経済価値の実現

エーザイは、事業活動によって顧客の創造と維持、および顧客満足を向上することを企業目的としている。その結果として、売上や利益などの財務業績が向上するという考え方である。統合報告書にも、「企業理念の実現を通して、企業価値の向上をはかるために、顧客、株主、地域の皆様など幅広いステークホルダーズの皆様との信頼関係の構築に努め、『患者様価値』『株主価値』『社員価値』の最大化、ならびに企業の社会的責任の遂行を経営における重要課題と捉え、企業活動を展開しています」（エーザイ，2015, p. 2）と記載されている。

エーザイでは、「患者様とそのご家族の喜怒哀楽を第一義に考え、そのベネフィット向上に貢献することである」という企業理念を定款に定めている。ヒューマン・ヘルスケア（hhc）という企業理念について、「要は患者様第一主義です。hhc というのは社会的価値、すなわち患者様価値を会社の使命としてまず創造して、その結果として利益を創造します」というのが柳氏の説明である。

このようなエーザイの価値観は、Porter and Kramer（2011）の CSV の概念（creating shared value：共通価値）と近似している。Porter and Kramer

第 5 章　統合報告を通じた戦略策定への情報利用

の共通価値は、CSR と経済価値の共通部分を追求すべきだという主張である。これに対しエーザイは、CSR だけではなく、まず CSR を高めて、その結果として経済価値を増大することを使命としている。企業の使命は「患者様満足の増大であり、その結果として売上、利益がもたらされ、この使命と結果の順序が重要」としている。こうした考え方は、CSV とは少し異なっている。めざすのは CSR と経済価値の共通部分ではなく、CSR の結果としての経済価値を追求しており、いわば CSR と経済価値の和集合に近い概念であるといえよう。

柳氏は、「世界保健機関（WHO）と組んで、フィラリアの薬を 22 億錠、無料で配ることにしました。これは hhc の理念の具体化であり、ロングタームインベストメントです。それは、エーザイブランドの拡大や開発途上国・新興国への本格進出などを通じて、やがて結果として利益がついてくるものです。もちろん 1 年、2 年ではなく、10 年、20 年、あるいは 30 年というスパンです」という。これがエーザイの企業価値観なのである。

このことから、同社の価値創造は、CSR に基づいた経済価値の実現ということができる。価値創造プロセスは、ストックである 6 つの資本が期首と期末で価値創造を行うプロセスをいう。こうした価値創造にあたっては、hhc という患者様第一主義の企業理念がすべての活動の根幹となっている。この企業理念の下で、バランスト・スコアカードを用いて戦略の策定と実行のフローを可視化したものがエーザイの価値創造プロセスである。

5.3.4　組織横断的チームによる統合報告書の作成

同社の 2014 年度版の統合報告書は、IR 部がアニュアルレポートとして作成したが、2015 年版の統合報告書は組織横断的なチームをつくって作成している。2014 年度までは、総務環境安全部という ESG の E（Environment）の部分の所管組織と、ESG の S（Social）の部分を担当する PR 部（メディアなどを担当する広報部署）が環境・社会報告書を作っていた。この点について、「2014 年の統合報告書は IR 部が単独で所管しました。柳がトップで作りました。2015 年は 3 つの部門の合同プロジェクトチーム（IR 部、PR 部、総務環

境安全部）が統合報告書の作成を担当しました。このなかで誰が委員長、副委員長という組織建てを明確にしたわけではありません。実質面で申し上げるとIR部がリードしました」という説明があった。

　1年で組織体制を変更した理由については、「3つの部門の役員の中でここ数年侃々諤々の議論を行いました。総務環境安全部とPR部からは、最初から一緒にやってくれという話がありましたが、IR部は、国際統合報告フレームワークを知るべきだとこれを拒否しました。このように、2014年版はIR部が担当し、2015年版で組織横断的に作成するという2段階方式を踏むことによってスムーズに着手できたので、まったくといっていいほど、組織内からの抵抗はありませんでした」ということであった。

　これは、総務環境安全部とPR部が意図したコスト低減だけを目的にすると、ステークホルダー・エンゲージメントを目的とする本来の統合報告書が作成できないことを柳氏は恐れたのではないかと推察される。そこで、最初はIR部が国際統合報告フレームワークをベースに統合報告書を作成した。その上で、コスト削減することも目的に加えて組織横断的に統合報告書を作成したものと理解できる。「初めから社内の意思を統一するのは非常に難しいと思うのですが、これをパイロットに出して外部の意見をたくさんもらい、逆に社内を説得していき、補強されてできたのです」と、林氏も同様の見解を示していた。その上で、柳氏は、組織横断的チームの効果を次のように整理してくれた。すなわち、「3人の役員もある程度連携して、全社横断的な意識やモチベーションが高まった。副次的効果として、予算も手間も削減することができました」というのが組織横断的に統合報告書を作成した効果であった。

　統合報告は情報開示が主目的であるが、組織横断的なプロジェクトチームにすることで、コストを低減することができる。また、それだけでなく、ステークホルダーからの情報収集によって社内の意識統一にも使えるという大きな成果があったことが理解できる。しかし、この情報収集は、まだ戦略の策定と実行のための情報収集にまでは至っていない。

第 5 章　統合報告を通じた戦略策定への情報利用

5.3.5　エンゲージメント・アジェンダとしての情報開示

　ステークホルダー・エンゲージメントによって対話すべき話題は、財務業績、中長期的な戦略課題、それに環境や社会貢献といったテーマが考えられる。柳（2015）は、投資家を対象としたエンゲージメント・アジェンダとして、10項目を取り上げている（柳，2015，p. 157）。財務業績としては、ROEの向上、決算数値や業績予想値の背景の確認、株主還元、コスト削減が挙げられている。また、中長期的な戦略課題については、業界再編・経営統合・事業売却、提供している製品・サービス・事業内容、中期計画の内容と背景を挙げている。さらに、環境や社会的責任については、コーポレートガバナンス、リスク管理体制、環境問題と社会貢献を取り上げられている。

　柳氏は、これらの項目について、国内（60名）と海外（50名）の投資家に対して、「日本企業との対話で一番のテーマは何か」とする質問調査を行った（柳，2015，p. 157）。その結果、ROEの向上が国内投資家（48％）と海外の投資家（62％）がもっとも重視する項目であった。また、国内投資家が上記以外に重視するものは、決算数値や業績予想値の背景の確認（11％）、コーポレートガバナンス（7％）、中期計画の内容と背景（7％）、株主還元（6％）という順になっている。一方、海外投資家が重視する項目は、決算数値や業績予想値の背景の確認、コーポレートガバナンス、中期計画の内容と背景がいずれも8％であった。それ以外の項目について国内投資家と海外投資家を比較すると、業界再編・経営統合・事業売却（国内投資家2％、海外投資家2％）、提供している製品・サービス・事業内容（国内投資家0％、海外投資家2％）、中期計画の内容と背景（国内投資家7％、海外投資家8％）であった。

　このような実態調査から投資家の関心事について、3つのことが理解できる。第1は、投資家は短期的とは言い切れないが、ROEという財務業績への関心が極めて高い。第2は、投資家にとって、リスク管理体制およびCSRに関わる環境問題と社会貢献はほとんど主要な関心事とは考えていない。第3

に、投資家との対話で戦略課題についての関心事はそれほど高くはなく、こうした状況では企業が戦略策定のために情報収集することはほとんど期待できない。

それでも柳氏は、投資家と面談するときは、統合報告書以外にもESGパッケージという冊子を準備して臨んでいるという。ESGパッケージには、将来見通しに関する注意事項、*hhc*という企業理念、新興国および途上国への戦略と医薬品アセスメントへの取り組み、ガバナンス体制、環境保全活動、ROE経営という統合報告書に記載されている内容が盛り込まれている。

統合報告書でも開示しているが、ESGパッケージには医薬品業界としての企業の評判調査が紹介されている。まず同社は、全産業（約4,000社）の中で「世界で最も持続可能な100社」に3年連続（2013年から2015年まで）選出されている。この調査は、資源、財務、従業員に関わる12項目についての調査である。2015年は日本から同社だけが選出されており、世界の製薬関連企業に限定すれば5位という成績である。また、医薬品アクセス貢献度（ATM Index 2014）のランキングも開示している。これは、マネジメント、企業活動・営業活動、研究開発、価格・製造・供給、知的財産・ライセンシング、製造供給・販売の現地化推進、社会貢献・疾患啓発という7つの技術的な側面に関わる世界の医薬品会社への調査である。この調査でも、エーザイは2010年の16位、2012年の15位、2014年には11位に躍進している。さらに、世界58か国、1,150患者団体による製薬会社37社のコーポレート・レピュテーション評価で2014年に10位にランキングされたという。

5.3.6 経営幹部登用試験への統合報告書の活用

エーザイでは、統合報告書は環境への配慮もふまえ、Web掲載の開示となっている。また、投資家以外に対しても、統合報告書の興味深い利用をしている。それは、幹部登用試験への統合報告書の利用である。同社の経営職登用試験の試験問題は、統合報告書の内容からも出題されることがあるという。これについては、「統合報告書は社内ウェブでも公開しておりますし、社員全員

第5章 統合報告を通じた戦略策定への情報利用

が見ております」、「経営職登用試験の教科書にも使われております。課長になろうという人は、みんな統合報告書を読んでしっかり理解しないと課長にはなれません」という説明があった。

同社は、社内向けの統合報告書セミナーは開いてはいない。しかし、個別の質問に対応するという。また、課長試験の受験者は労働組合員である。労働組合には、CFO が決算報告も兼ねて説明しているという。同社のこのような対応は、統合報告書の内容を従業員に熟知させる優れた利用の方法といえよう。こうすることで、自社の企業理念や価値創造プロセスを課長候補者までが共有できるようになり、それが戦略の実行を強力に支援できる力になっていると推察される。

5.4　情報利用のためのエンゲージメント・アジェンダ

5.4.1　ステークホルダー・エンゲージメントの2つの目的

ステークホルダー・エンゲージメントには、情報開示および情報利用という2つの目的があることはすでに明らかにした。まず、この2つのステークホルダー・エンゲージメントの目的について検討する。

ステークホルダー・エンゲージメントの第1の目的は、開示内容についての対話である。情報開示のアウトサイドイン・アプローチとインサイドアウト・アプローチという分類は、開示内容に関わる分類である。開示内容が外部の基準に準拠しているのがアウトサイドイン・アプローチである。また、開示内容が内部経営者の開示したい経営管理情報である場合がインサイドアウト・アプローチである。これらを組み合わせたツイン・アプローチも、開示内容の違いがあるだけで、開示内容に関わる分類であることに変わりはない。すなわち、開示内容についての対話では、ステークホルダーに開示された内容に違いがあっても、あくまでも情報開示であることに変わりはない。

これに対し、ステークホルダー・エンゲージメントの第2の目的は、開示内

159

容よりも、情報利用を意図した対話にある。国際統合報告フレームワークが要請している統合報告書は、企業の価値創造に資するため情報開示を行うことが重要であり、ステークホルダーの意見を取り入れた価値創造プロセスを開示するように求めている。そうすることによって、戦略の策定と実行に活用していこうという企業の情報利用を意図した対話が可能になる。

　先に紹介したように、ステークホルダーとの対話について、Dill（1975）は、ステークホルダーの関心事を戦略策定に役立てることが重要ととらえていた。また、統合報告書の役立ちは、企業とステークホルダーとの情報ギャップの解消、ステークホルダーの信頼性向上、戦略の策定と実行への情報利用にあった。そこで次項では、情報開示だけでなく、企業の情報利用までも考慮に入れたステークホルダーとの対話について、エーザイのステークホルダー・エンゲージメントをもとに検討する。

5.4.2　ステークホルダー・エンゲージメントを通じた戦略情報の共有

　エーザイは、マトリックス体制による経営を行っている（エーザイ，2015，p. 35）。エーザイは、日本、アメリカ、中国、アジア、EMEA（欧州、中東、アフリカ、ロシア、オセアニア）の各地域において、グローバルな営業を展開している。他方、横串の組織として、神経系のビジネスを統括する組織（グローバルニューロロジービジネスユニット）と、がん関連のビジネスを統括する組織（グローバルオンコロジービジネスユニット）とがある。このビジネスユニットの戦略上の位置づけは、図5.4に示したとおりである。管理会計的には、子会社ごとの損益計算書だけでなく、ビジネスユニットごとにも損益計算書を作成して、マトリックスで管理を行っている。

　セグメント別情報としては、現在は、地域別セグメント情報だけに限定している。統合報告書では、ビジネスユニットごとに、ニューロロジーとオンコロジーに集中して研究開発を行うという戦略を開示している。研究開発費を集約するために、患者が最も困っているアンメット・メディカル・ニーズ（まだ有効な治療法が確立されていない医療ニーズ）の高いがんと認知症に絞って、研

第5章　統合報告を通じた戦略策定への情報利用

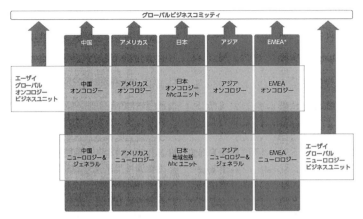

出典：エーザイ (2015), p. 35。
図 5.4　エーザイのグローバル・ビジネス・マトリクス体制

究開発体制の構築と人財の投入を集中させている。

　ニューロロジー・ビジネスユニットを統括する責任担当役（プレジデント）は、フランク・シリエロという執行役でアメリカに居住している。アメリカ地域担当プレジデントは松江裕二常務執行役である。一方、オンコロジー・ビジネスユニットを統括する責任担当役は、ガリー・ヘンドラーという常務執行役であり、EMEAの地域担当プレジデントでもある。ヘンドラー氏は、EMEAという地域とがんの利益責任を負っている。

　がん領域では、ハラヴェン（乳がんの抗がん剤）の承認取得国が2015年7月に約60か国となり、軟部肉腫への拡大承認申請をしている。また、レンビマ（甲状腺がんの抗がん剤）でも、2015年に、アメリカ、日本、イギリスで承認取得し、2015年度内に20か国以上で発売を目指している。これら2つの抗がん剤について、アメリカのメルク社の抗がん剤との併用療法のための研究提携契約を結んでいる。さらに、新たな分子標的薬を創出し、フェーズⅠ試験を開始していることなどを同社の統合報告書から知ることができる。

　神経領域では、アリセプトが2014年9月に日本での効能・効果の追加承認を取得した。また、自社創製の抗てんかん剤が45か国以上で承認を取得して

161

いる。また 2015 年 6 月には、アメリカと欧州で、全般てんかんの適応拡大の承認を取得した。日本でも 2015 年 7 月に新薬承認申請をしている。睡眠導入剤はフェーズⅢ試験の準備中といった情報を開示している。

　こうした情報は、投資家だけでなく、取引先や患者あるいは一般消費者にとっても有益な情報である。また、前述したように、統合報告書からの従業員の経営職登用試験への出題を通じて、戦略を共有することができ、このことが戦略実行を支援することにもなる。同社は、統合報告書の主たる対象を機関投資家としているが、その他の主要なステークホルダーの情報ニーズにも合致した情報開示を行っている。その結果、同社の統合報告書は、ステークホルダー・エンゲージメントを通じて、経営管理者にとって必要な戦略策定の情報収集にも役立つものと考えられる。

　以上より、統合報告書に戦略を可視化する 1 つの目的として、戦略策定への情報利用があることが期待される。統合報告では、これまで情報開示だけが議論されてきたが、今後は統合報告書を通じた情報利用を重要視する必要があると思われる。

5.4.3　情報利用を目的としたインタンジブルズの情報開示

　最後に、エーザイの統合報告書において、戦略策定への情報利用のためにインタンジブルズに関する情報がどのように開示されているかを整理する。エーザイの統合報告書の特徴は、国際統合報告フレームワークの基本概念に基づき、価値創造に焦点を絞った構成にある。とくに、国際統合報告フレームワークのオクトパス・モデルにバランスト・スコアカードの 4 つの視点を組み込んだ独自の価値創造プロセスが特徴的である。

　まず、エーザイの価値創造は、知的資本や人的資本といったインタンジブルズが、戦略に組み入れられ、価値創造プロセスの根幹を担うものとして位置づけられている点に注目してみよう。エーザイの統合報告書は、国際統合報告フレームワークの基本概念の 6 つの資本について、表 5.2 に示すように独自の定義を行っている。

第 5 章　統合報告を通じた戦略策定への情報利用

表 5.2　エーザイの 6 つの資本の定義

□知的資本（パイプライン[8]や知的財産など知識ベースの無形資産）
□人的資本（人財の能力や経験およびイノベーションへの意欲）
□製造資本（製品の生産またはサービス提供に利用される設備）
□社会・関係資本（共通善を目的とし、社会やステークホルダーと信頼関係を築く
　体制）
□自然資本（企業活動を支え、企業活動により影響を受ける環境資源とプロセス
□財務資本（企業活動を行うために使用できる資金のプール）

出典：エーザイ（2015），p. 3。

　エーザイの 2 つの戦略（オンコロジーとニューロロジーという 2 つのビジネスユニット）は、知的資本としての研究開発体制と人的資本としてのグローバル人財がしっかり組み込まれた形で策定されている。また、先述した同社の価値創造プロセス（図 5.2）において、知的資本と人的資本が製造資本よりも先に位置づけられている。

　これらのことから、知的資本と人的資本の 2 つのインタンジブルズが同社の価値創造の基盤になっていることがわかる。同社の統合報告書は、知的資本を筆頭にして、6 つの資本のそれぞれについて詳細な情報開示を行っている。それと同時に、戦略に関する情報の中に知的資本や人的資本に関するインタンジブルズ情報を開示しており、こうした形での情報開示が戦略策定への情報利用にも効果を発揮するものと思われる。

　次に、ステークホルダーとインタンジブルズ情報との関係についてみることにする。エーザイの定款第 2 条には、同社の主要なステークホルダーは、患者様と生活者の皆様、株主の皆様、および社員であると明記されている。ステークホルダーと関係が深いものが社会・関係資本である。社会・関係資本は、共通善を目的として追求することを通じて、社会やステークホルダーとの信頼関係を築く体制である（表 5.2）。共通善とは、先に述べたエーザイの *hhc* とい

8）　パイプラインとは、製薬業における医療用医薬品候補となる化合物（新薬候補）のことである。パイプラインをどれだけ多く持っているかが、その製薬企業の発展を決める要素になるという。

う企業理念に基づいた「患者様満足の増大という社会価値創造」（エーザイ，2015，p. 5）を指している。この目的のために、「継続的な組織変革と企業活動を繰り返しながら、結果として売上げや利益である経済価値を創出する」（同上）ことが hhc という同社の企業理念であり、経営モデルでもある。このような価値創造プロセスの説明を通じて、患者や生活者という顧客、それに株主、社員をも含めたステークホルダーとの信頼関係づくりにとって欠かせないツールになっているのが統合報告書である。

　社会・関係資本の内容としては、パートナーシップの有効活用による効率性・生産性の向上と、社会的責任への取り組みとしての社会貢献活動、臨床試験データの公開、社会的評価の結果が開示されている。これらの情報開示は、開示した相手からのフィードバックがあってこそ、より効果的なものとなる。同社の社会・関係資本に含まれるインタンジブルズの情報開示が、戦略策定への情報利用にも役立つことが期待される。

　最後に、インタンジブルズに関する情報開示について、改善すべきと思われる点について述べる。エーザイの統合報告書は、表5.2 に示した6つの資本をストックとして位置づけている。ストックとしての6つの資本が、フローにあたるビジネスモデルによって増加していく過程が同社の価値創造プロセスである。そして、ビジネスモデルの中にバランスト・スコアカードの4つの視点が組み込まれている。エーザイの統合報告書において、学習と成長の視点は、「企業理念である hhc 理念実現のために、変革と改善を可能にする社員や組織の能力をいかに向上、持続するか」（エーザイ，2015，p. 2）と説明されている。顧客の視点は「患者様の満足のためにどのように行動できるか」、内部ビジネスプロセスの視点は「ビジネスモデルのどこが秀でるべきか、またはどこを変革すべきか」、財務の視点は「財務的に成功するため、および企業価値を高めるためにどのように行動すべきか」という説明がなされている。

　こうした説明は、バランスト・スコアカード本来の使い方とは異なり、社会価値創造を行った結果としての経済価値の創出という同社の経営モデルを、バランスト・スコアカードの4つの視点を使った行動基準に置き換えたものにす

第5章　統合報告を通じた戦略策定への情報利用

ぎない。そのようなバランスト・スコアカードの使い方ではなく、例えば学習
と成長の視点を知的資本と人的資本で説明し、内部ビジネスプロセスの視点の
説明には製造資本と社会・関係資本、自然資本を用い、さらに財務の視点に財
務資本を置くといった方法が考えられてもよいのではないだろうか。統合報告
書のコンテンツが6つの資本を中心に構成されていることから、6つの資本に
よる価値創造について、バランスト・スコアカードの4つの視点を用いた価値
創造のためのマネジメント・システムとして説明するほうが、より戦略的な情
報開示となり、それが情報利用にも役立つものと考える。

まとめ

　本章では、エーザイの統合報告書に関するケーススタディを通じて、ステー
クホルダー・エンゲージメントを通じた戦略策定への情報利用について考察し
た。その結果は以下の4点にまとめることができる。
　第1に、ステークホルダーとの対話には、2つの目的があるということであ
る。第1の目的は、外部の基準などに準拠した形でのステークホルダーへの情
報開示であり、この場合、企業はどのような情報を開示したらよいかというこ
とが重要になる。第2の目的は、情報開示に止まらず、ステークホルダーとの
対話を通じて企業の戦略策定への情報利用を意図したものである。
　第2に、ステークホルダーの情報ニーズは、利害調整から対話へと大きく変
化している点が挙げられる。こうした変化は、利害関係者から経営の良きパー
トナーとしてのステークホルダーへの変化である。ステークホルダーの情報
ニーズは、今日、利害調整のための情報開示ではなく、企業経営に対する関心
事を尊重した対話にあるということができる。
　第3に、エーザイの統合報告書のケーススタディを通じて、国際統合報告フ
レームワークの基本概念に基づいた統合報告書は、情報開示だけでなく戦略策
定への情報利用にも役立つことがうかがえた。エーザイの統合報告書は、情報
開示を目的にしたものであっても、情報利用にも展開できる内容が含まれてい

165

る点で卓越したものになっている。統合報告における企業の価値創造に関する情報は、国際統合報告フレームワークの基本概念に準拠するとともに、戦略策定への情報利用を目的としたエンゲージメント・アジェンダとして開示されることが望ましい。

　第4に、統合報告書におけるインタンジブルズ情報は、戦略に組み込まれた形で開示されることが必要である。具体的には、バランスト・スコアカードの4つの視点を活用した価値創造に関するマネジメント・システムの中でインタンジブルズ情報を開示することが望まれる。このような形でインタンジブルズに関する情報を開示することは、企業の価値創造に関するより戦略的な情報開示となり、さらにそうした情報開示が戦略策定への情報利用にも役立つことが期待される。

終章　統合報告におけるインタンジブルズの情報開示と戦略策定への情報利用

はじめに

　企業の価値創造の源泉が有形資産からインタンジブルズに移行したといわれて四半世紀が経過した。この間、財務会計および管理会計の双方からインタンジブルズに関する研究が行われてきた。そこでわかったことの1つは、インタンジブルズを貨幣的に測定すること（インタンジブルズのオンバランス化）に限界があるということであった。もう1つは、インタンジブルズに基づく価値創造プロセスの解明とそのマネジメントの方法についての研究が十分行われてきたとは言い難いということである。今後、管理会計としては、企業はインタンジブルズをどのような方法で戦略と結びつけて価値創造を行ったらよいのか、さらに、価値創造を行う過程でインタンジブルズをどのように測定し、管理していくべきなのかという課題に取り組む必要がある。

1　本研究の意義

　上記課題に対処するため、本研究は、統合報告におけるインタンジブルズの情報開示と戦略策定への情報利用について考察することにより、統合報告を活用したインタンジブルズに基づく企業の価値創造のあり方を明らかにしたものである。本研究のポイントは、情報開示（財務会計の課題）と情報利用（管理会計の課題）の両面から、統合報告におけるインタンジブルズに関する情報を

167

検討している点にある。

　情報開示には、アウトサイドインとインサイドアウトという2つのアプローチがある。アウトサイドイン・アプローチは、法令や制度、ガイドラインなど外部の基準にしたがって、ステークホルダーに対し必要な情報を開示することである。インサイドアウト・アプローチは、企業の戦略を含む内部の経営管理情報を開示することによって、透明性の高い経営を行っていることを企業がステークホルダーにアピールすることを目的にしたものである。統合報告は、主要な開示内容が企業の戦略と関係が深い価値創造プロセスであることから、この2つのアプローチを併せ持った外部報告（情報開示）とみることができる。そこで、本研究では、統合報告におけるインタンジブルズに関する情報開示について、アウトサイドイン・アプローチとインサイドアウト・アプローチの両面から検討を行った。

　他方、情報利用とは、統合報告で開示された情報を、企業がステークホルダー・エンゲージメント（ステークホルダーとの対話による絆づくり）を通じて戦略策定に利用することである。統合報告には、情報開示はもとより、戦略策定への情報利用という管理会計の研究にとってふさわしい役立ちがあると考えられる。したがって、本研究は、統合報告で開示されるインタンジブルズ情報について、情報開示のアウトサイドインとインサイドアウトという2つのアプローチからの検討に加えて、それらをいかに戦略策定に利用したらよいかという情報利用の観点からも考察している。本研究は、情報開示と情報利用という両面からの考察を踏まえ、統合報告を活用したステークホルダー・エンゲージメントを通じて、企業の価値創造とインタンジブルズの測定、管理をより実効あるものにしていこうとする試みである。

　本研究が研究対象とした統合報告は、国際統合報告フレームワーク（IIRC, 2013）の基本概念（価値創造、資本、価値創造プロセス）に準拠して価値創造プロセスを開示している日本企業の統合報告書である。基本概念に示されている資本とは、財務、製造、知的、人的、社会・関係、自然の6つの資本を指す。この6つの資本には、知的資本、人的資本、社会・関係資本というインタ

終章　統合報告におけるインタンジブルズの情報開示と戦略策定への情報利用

ンジブルズに関連した資本が含まれている。したがって、国際統合報告フレームワークの基本概念に準拠した統合報告書には、インタンジブルズに関する情報が何らかの形で開示されているとみられる。また、統合報告は、企業の経営管理にも大きな影響を与えるものと考えられる。統合報告で開示される企業の価値創造に関する情報は、企業の戦略を中心とした内部経営管理情報そのものといってもよく、それを開示することによって、企業はより透明性のある経営管理を行うことができるからである。

　本研究は、文献研究とケーススタディを併用している。宝印刷（総合ディスクロージャー＆IR研究所）の調査によれば、2015年12月末現在、日本企業の224社が統合報告書を公表している。また昨今、統合報告を取り扱った学術論文も多く発表されている。このように、文献研究の対象となる日本企業の統合報告書や統合報告をテーマとした研究論文は比較的豊富である。しかし、日本企業の統合報告書の中で、国際統合報告フレームワークの基本概念に準拠して作成されたものがどれくらいあるのかという点については明らかにされていない。また、企業は、価値創造プロセスの開示にあたり、国際統合報告フレームワークのオクトパス・モデルをどのように理解し、活用したのかということもよくわかっていない。さらに、統合報告書をステークホルダー・エンゲージメントに活用している日本企業は多いと思われるが、戦略策定への情報利用にも統合報告書を活用しているかについても不明である。そこで、本研究では、文献研究と並行して、国際統合報告フレームワークの基本概念に準拠して統合報告書を作成している企業のベスト・プラクティスに学ぶためにケーススタディ（インタビュー調査）を実施した。ケーススタディの対象は、三菱重工業㈱、㈱ローソン、㈱野村総合研究所、エーザイ㈱の4社の統合報告書である。

　管理会計では、インタンジブルズについて、財務会計のようにオンバランス化を目的とするのではなく、マネジメントの対象としてインタンジブルズを捉えていくことが必要である。そのためには、インタンジブルズを戦略と関係づけて、価値創造の源泉としてみていかなければならない。そこで、本研究は、インタンジブルズについて、「持続可能な価値創造の究極的な源泉であり、将

169

来の企業価値創造のドライバー」と定義して論考を進めている。また、企業価値については、企業価値を株主価値と同等に捉えるのではなく、統合報告と同じく長期的視点に立って、株主価値を含む全ステークホルダーにとっての経済価値、地域社会への貢献などの社会価値、ならびに経営者のリーダーシップ、従業員のモチベーション、チームワーク、企業倫理などの組織価値を含む総合的な企業価値観に立脚している。

2　インタンジブルズに基づく価値創造プロセスのフレームワークの論点

　管理会計の研究対象としてのインタンジブルズは、企業の戦略や価値創造と関連づけて捉えていく必要がある。そこで本研究では、企業の戦略と関連づけたインタンジブルズに基づく価値創造プロセスのフレームワークとして、バランスト・スコアカードと知的資本報告書およびそのガイドラインを先行研究として取り上げた。さらに、知的資本に関する研究プロジェクト、ならびに国際統合報告フレームワークも先行研究の対象とした。

　バランスト・スコアカードを先行研究の対象としたのは、価値創造の基礎となる学習と成長の視点が人的資産、情報資産、組織資産というインタンジブルズだからである。また、知的資本報告書とそのガイドラインを先行研究の対象としたのは、それらがインタンジブルズの情報開示に止まらず、インタンジブルズのマネジメント、すなわち経営管理にも活用できるという考えからである。先行研究としたインタンジブルズと企業の価値創造に関する代表的なフレームワークは、①バランスト・スコアカード、②スカンディア・ナビゲーター（スウェーデン・スカンディア社の知的資本報告書）、③MERITUM ガイドライン（EU）、④PRISM プロジェクト（EU）、⑤デンマーク知的資本報告書ガイドライン、⑥日本（経済産業省）の知的資産経営の開示ガイドライン、⑦国際統合報告フレームワーク（International Integrated Reporting Council：IIRC）の 7 つである。

終章　統合報告におけるインタンジブルズの情報開示と戦略策定への情報利用

　上記 7 つのフレームワークの特徴をみると、バランスト・スコアカードとス
カンディア・ナビゲーターは、ともにインタンジブルを価値創造の基盤として
位置づけ、インタンジブルズ相互の関係を重視しつつ、最終的に財務業績の向
上につながる価値創造プロセスを提示している。MERITUM ガイドラインは、
無形の資源と活動が価値創造に直結する重要なインタンジブルズを創造すると
いう考え方を新たに打ち出している。また、PRISM プロジェクトは、価値創
造に関係する資産について、製品やサービスを生産する資産（有形財と無形
財）と、企業に競争優位をもたらす資産（無形のコンピタンスと無形の潜在能
力）とに分ける考え方を示している。これらの 4 つのフレームワークは、いず
れもインタンジブルズの分類、および価値創造におけるインタンジブルズ相互
の関係や財務業績との因果関係を中心に価値創造プロセスを提示している点に
特徴がある。これに対し、デンマーク知的資本報告書ガイドラインと日本の知
的資産経営の開示ガイドラインは、インタンジブルズによる企業の価値創造を
独自のストーリーとして開示するという考え方を示している点が注目される。
さらに国際統合報告フレームワークでは、財務情報と非財務情報とを一体化さ
せて、インタンジブルズを含む 6 つの資本による価値創造プロセス（オクトパ
ス・モデル）が提示されている。これら 7 つのフレームワークについて、(1)
インタンジブルズ構築の狙い、(2) インタンジブルズの価値創造への役立ち、
(3) インタンジブルズのマネジメントの要点の 3 つの観点から、それぞれの主
要な論点について比較検討を行った。

　第 1 に、インタンジブルズ構築の狙いについては、7 つのフレームワークの
すべてが、インタンジブルズは企業の持続的な価値創造における競争優位の源
泉、ないし価値を生む企業の能力であるとの認識で一致していた。また、7 つ
のフレームワークは、インタンジブルズを価値創造プロセスの中に明確に位置
づけていた。

　第 2 に、インタンジブルズの価値創造への役立ちについては、どのフレーム
ワークも、インタンジブルズを戦略と関係づけることが強調されていた。ま
た、インタンジブルズを有形資産や他のインタンジブルズと結びつけることに

よって、企業の価値創造能力を高めることができるという考え方が示されていた。

　第3に、インタンジブルのマネジメントは、インタンジブルズを戦略と関係づけることがポイントになることがわかった。これは、インタンジブルズを戦略と結びつけることによって、インタンジブルズが価値創造および財務業績向上のドライバーになるという考え方である。さらに、インタンジブルズ相互の関係に着目して、価値創造のドライバーとなるインタンジブルズを創造し、蓄積することが重要なことも理解することができた。

　これらの論点が示しているように、企業は、インタンジブルズを価値創造のドライバーとして価値創造能力を高めていく必要がある。したがって、インタンジブルズのマネジメントは、インタンジブルズと戦略との関係、インタンジブルズ相互の関係、および財務業績との関係、といった3つの関係性を十分考慮することが要点になると考えられる。

　こうしたインタンジブルズと企業の価値創造に関するフレームワークの研究は、1990年前後にはじまり、相互に影響を受けつつ今日に至っている。例えば、バランスト・スコアカードの影響を受けてスカンディア・ナビゲーター（知的資本報告書）が開発され、スカンディア・ナビゲーターがMERITUMガイドラインやPRISMプロジェクト、およびデンマーク知的資本報告書ガイドラインにも影響を与えている。日本の知的資産経営の開示ガイドインは、こうした国際的な動向を踏まえつつ作成されたものである。しかし、2000年代の後半以降は、インタンジブルズと企業の価値創造に関する研究の進展があまりみられなくなった。

　ところが、国際統合報告フレームワークが公表されて以来、統合報告を用いて、再びインタンジブルズと企業の価値創造について考察する機会が巡ってきた。国際統合報告フレームワークは、インタンジブルズの情報開示そのものを目的としたものではない。しかし、国際統合報告フレームワークは、短期、中期、長期にわたる企業の価値創造に関する情報をステークホルダーに開示していくことを目的として掲げている。また、価値創造プロセスを構成する6つの

終章　統合報告におけるインタンジブルズの情報開示と戦略策定への情報利用

資本の中にインタンジブルズが含まれている。さらに、国際統合報告フレームワークは、統合報告を活用したステークホルダー・エンゲージメントも想定している。したがって、国際統合報告フレームワークを踏まえて作成された統合報告書は、6つの資本に基づく価値創造プロセスを通して、インタンジブルズの情報開示とともに戦略策定への情報利用にも役立つと考えられる。

3　統合報告におけるインタンジブルズの情報開示と可視化

　以上の先行研究を踏まえ、まずアウトサイドイン・アプローチの視点から、統合報告におけるインタンジブルズの情報開示と可視化について、日本企業の統合報告書の文献研究とケーススタディを行った。ケーススタディの対象は、国際統合報告フレームワークの基本概念に準拠して統合報告書を作成した三菱重工業㈱、㈱ローソン、㈱野村総合研究所の3社の統合報告書である。この3社に対するインタビュー調査の結果を踏まえ、インタンジブルズと価値創造プロセスの可視化に向けた統合報告の役立ちについて考察した。

　その結果、第1に、文献研究により、国際統合報告フレームワークの基本概念に準拠した日本企業の統合報告書は、それほど多くはないということが確認できた。2014年12月末現在で統合報告書を公表している日本企業142社の中で、国際統合報告フレームワークの基本概念に準拠している統合報告書は、10社の統合報告書にすぎなかった。

　第2に、価値創造プロセスの可視化は企業によって一様ではないことがわかった。国際統合報告フレームワークの基本概念を踏まえて作成された10社の統合報告書の中から、三菱重工業、ローソン、野村総合研究所の3社の統合報告書を選び文献研究とインタビュー調査を実施した結果、次の3点を確認することができた。第1に、3社の統合報告書は、いずれも価値創造にフォーカスした内容になっていた。そこには、企業理念、戦略、ビジネスモデルなどの説明を通して、自社の価値創造について、投資家を中心とするステークホルダーに伝えようという統合報告の作成目的が強く意識されていた。第2に、6

つの資本については、3社の事業活動やビジネスモデルによって捉え方や記述が異なっていた。しかし、国際統合報告フレームワークにできるかぎり沿った形で説明しようとした努力の跡がみられた。第3に、価値創造プロセスは、3社ともオクトパス・モデルを使っていた。しかし、資本を5つに分類したもの（三菱重工業、ローソン）、アウトプットを事業ドメイン別の製品にしたもの（三菱重工業）など、いくつかのバリエーションがみられた。また、価値創造プロセスの中核となる資本の変換プロセスは、3社のビジネスモデルや事業活動にしたがって自由に描かれていた。

　第3に、インタンジブルズの可視化は定性的に行わざるをえないということが確認できた。インタビューを行った3社の統合報告書がどの程度インタンジブルズを可視化しているかについて、①定量情報による可視化、②定性情報による可視化、の2つの面から検討を行った。まず、定量情報による可視化については、3社の統合報告書をみるかぎり、今のところ期待できそうにないことがわかった。これに対し、定性情報による可視化については、インタンジブルズに関係する3つの資本（知的資本、人的資本、社会・関係資本）に関する説明の記述によって、各社が想定しているインタンジブルズの具体的な内容が統合報告書の読者にわかるようになっていた。今後は、オクトパス・モデルを使って、ビジネスモデルや戦略実行プロセスとインタンジブルズとの関係の説明を充実させていくことがインタンジブルズの可視化につながる有効な手段であることが考えられた。

　以上の点から、国際統合報告フレームワークに依拠した統合報告書が、インタンジブルズの可視化に直接的に役立つとはいえないのが現状であるという結論に至った。しかし、国際統合報告フレームワークに準拠した統合報告書は、読者（投資家をはじめとする外部のステークホルダーおよび従業員など）に対し、企業がどのような資源をインタンジブルズとして捉え、それを使ってどのような価値を創造しようとしているかについての理解を促進させることにはつながるのではないかと考えた。このことから、インタンジブルズの可視化の可能性をもっているのが国際統合報告フレームワークの基本概念を踏まえた統合

報告書であると結論づけた。

　今後、統合報告によってインタンジブルズの可視化を発展させていくためには、次の3点が必要と考えた。第1に、オクトパス・モデルを使って、バランスト・スコアカードおよび戦略マップを活用した価値創造プロセスを描くことである。第2に、知的資本報告書ガイドラインに示された価値創造プロセスを統合報告書にも援用することである。第3に、経営管理や従業員の意識改革など企業内部への影響も考慮して、統合報告の作成に取り組むことである。

4　統合報告における付加価値会計情報の開示と限界

　次に、インサイドアウト・アプローチの視点から統合報告における付加価値会計情報の開示の有用性と限界について検討した。付加価値会計情報は、従業員、株主、債権者、取引先、政府・行政、地域社会などのすべての利害関係者に関わる利益を貨幣額で示したものである。しかし、付加価値会計情報は、法令でその開示を義務づけられたものではない。その開示は任意であり、インサイドアウト・アプローチをねらった会計情報の1つと考えることができる。さらに、国際統合報告フレームワークが公表されて以来、統合報告の重要業績指標（KPI）として付加価値会計情報を活用すべきとの主張がみられるようになってきたことからも、付加価値会計情報が統合報告をインサイドアウト・アプローチの視点から検討する対象としてふさわしいと考えた。

　付加価値は利害関係者に対する分配の原資であり、付加価値会計情報は利害関係者への分配状況を明らかにした会計情報である。ステークホルダー志向の経営にとって、付加価値は必要な会計情報といえる。そうした利益を分配した結果を開示するために作成されたものが付加価値計算書である。しかし、今日、付加価値会計情報は、生産性分析に必要な財務データ、アメーバ経営の経営管理指標、または持続可能性報告書などの社会貢献指標として活用されることに止まっている。また、統合報告書において付加価値会計情報を開示している企業はわずか2社にすぎなかった。こうした現実を踏まえると、現代の社会

が、ステークホルダー間における利害調整の結果としての分配状況を示す付加価値会計情報について、企業とステークホルダーの双方ともほとんど必要としてないのではないかと思われた。

　付加価値会計情報は、付加価値という企業活動によって生み出された新たな価値を貨幣額で表したものである。それを国全体で合算したものが国内総生産（GDP）である。このように、付加価値会計情報は社会的に意義のある会計情報であることは確かである。しかし、企業が新たに生み出した価値を貨幣的に表した情報だけでは企業の価値創造の限られた部分しか説明できておらず、統合報告が必要としている非財務情報については説明することができない。しかも非財務情報の大部分は、研究開発、コーポレート・ガバナンス、人材育成、環境対応、企業の社会的責任（CSR）など、戦略を中心とした企業の価値創造の基盤となるインタンジブルズに関係した情報である。したがって、付加価値会計情報は、企業の価値創造を中心テーマとした統合報告においては、定量的な会計情報の1つに数えられるにしても、それだけでは不十分と結論づけた。

　なお、今後、統合報告において付加価値会計情報の必要性を高めようとするのであれば、付加価値会計情報の開示を1つの例として挙げているGRIガイドライン（G4）のような形で、企業が付加価値会計情報を積極的に統合報告のなかで開示しようと考える何らかの誘導策が求められよう。

　しかし、それよりも大切なことは、株主を含めたステークホルダーを経営のよきパートナーと位置づけ、ステークホルダー・エンゲージメントを重視することである。統合報告は、付加価値会計情報に回帰することを一義的に求めるよりも、それを超えたさらに先の展開をめざして活用すべである。具体的には、統合報告書を、ステークホルダー・エンゲージメントを通じた企業の戦略策定への情報利用ツールとして位置づけていくことが必要と考える。同時に企業は、戦略の策定と実行のマネジメントを推進していくために、統合報告を積極的に活用していくことが望まれる。そのとき、付加価値会計情報は、財務情報を補完する会計情報の1つとしての役割を果たすことになろう。

終章　統合報告におけるインタンジブルズの情報開示と戦略策定への情報利用

5　ステークホルダー・エンゲージメントを通じた戦略策定への情報利用

　国際統合報告フレームワークは、指導原則の1つにステークホルダーとの関係性を謳っている。ステークホルダーとの関係性とは、統合報告が外部報告であるところから、ステークホルダーへの情報開示を意図した関係性と考えられる。しかし、統合報告書で開示する情報の中心は、戦略と密接に関わった価値創造プロセスである。したがって、戦略に関わる情報開示が、ステークホルダー・エンゲージメントを通じて、企業にとっては戦略策定のための情報収集となる可能性がある。そうであれば、統合報告書は、企業からの情報開示だけでなく、企業にとっての戦略策定への情報利用という目的も考慮されなければならない。ステークホルダー・エンゲージメントでは、ステークホルダーの関心事を戦略策定に役立てることが重要になると考えられる

　そこで、エーザイ統合報告書のケーススタディを通じて、ステークホルダー・エンゲージメントを通じた戦略策定への情報利用について考察した。エーザイ統合報告書は、国際統合報告フレームワークに準拠して、価値創造プロセスを可視化している。また、同社の価値創造プロセスには、企業理念であるヒューマン・ヘルスケア（*hhc*）に基づいた社会価値の実現が経済価値を向上させるという考えが明示されている。さらに、エーザイの統合報告書には、戦略策定への情報利用につながると思われる戦略情報が開示されている。それは、マトリックス体制による経営情報の開示である。具体的にみると、エーザイは、日本、アメリカ、中国、アジア、EMEA（欧州、中東、アフリカ、ロシア、オセアニア）の各地域において、グローバルな事業を展開している。他方、横串の組織として、神経系のビジネスを統括する組織（グローバルニューロロジービジネスユニット）と、がん関連のビジネスを統括する組織（グローバルオンコロジービジネスユニット）とがある。管理会計的には、子会社ごとの損益計算書だけでなく、ビジネスユニットごとにも損益計算書を作成して、

177

マトリックスで管理を行っている。セグメント別情報としては、現在は、地域別セグメント情報だけに限定している。統合報告書では、ビジネスユニットごとに、ニューロロジーとオンコロジーに集中して研究開発を行うという戦略を開示している。

　こうした情報は、投資家だけでなく、取引先や患者あるいは一般消費者にとっても有益な情報である。また、エーザイでは、経営職登用試験の出題に統合報告書を活用しており、そのことを通じて、従業員が戦略を共有することができる。また、これが戦略実行を支援することになる。同社は、統合報告書の主たる対象を機関投資家としているが、その他の主要なステークホルダーの情報ニーズにも合致した情報開示を行っている。その結果、同社の統合報告書は、ステークホルダー・エンゲージメントを通じて、経営管理者にとって必要な戦略策定の情報収集にも役立つものと考えられる。以上のことから、統合報告書において戦略を含めた価値創造プロセスを可視化する1つの目的として、戦略策定への情報利用があることが期待される。統合報告では、これまで情報開示だけが議論されてきたが、今後は統合報告書を通じた情報利用を重要視する必要がある。

　さらに、エーザイの統合報告書におけるインタンジブルズに関する情報についてみると、エーザイの価値創造は、知的資本や人的資本といったインタンジブルズが、戦略に組み入れられ、価値創造プロセスの根幹を担うものとして位置づけられている。エーザイの2つの戦略（オンコロジーとニューロロジーという2つのビジネスユニット）は、知的資本としての研究開発体制と人的資本としてのグローバル人財がしっかり組み込まれた形で策定されている。また、同社の価値創造プロセスにおいて、知的資本と人的資本が製造資本よりも先に位置づけられている。これらのことから、知的資本と人的資本の2つのインタンジブルズが同社の価値創造の基盤になっていることがわかる。こうした形でのインタンジブルズをステークホルダーに情報開示していくことが、戦略策定への情報利用にも効果を発揮するものと思われる。

　エーザイ統合報告書のケーススタディからいえることは、以下の4点であ

178

終章　統合報告におけるインタンジブルズの情報開示と戦略策定への情報利用

る。第1に、ステークホルダー・エンゲージメントには、2つの目的をもって行うことが必要である。目的の1つは、法令や制度に準拠したステークホルダーへの情報開示であり、どのような情報を開示すべきかを重要視するものである。もう1つの目的は、情報開示に止まらず、ステークホルダーとの対話を通じて企業の戦略策定への情報利用までも重要視するものである。

第2に、ステークホルダーの情報ニーズは、利害調整から対話へと大きく変化している。こうした変化は、利害関係者から経営の良きパートナーとしてのステークホルダーへの変化と考えられる。ステークホルダーの情報ニーズは、付加価値会計情報に代表される利害調整のための情報ではなく、企業経営に対する関心事を尊重した対話にある。

第3に、エーザイ統合報告書のケーススタディを通じて、国際統合報告フレームワークの基本概念に準拠した統合報告書は、情報開示だけでなく戦略策定への情報利用にも役立つことが推察された。統合報告書の情報は、戦略策定への情報利用を目的としたエンゲージメント・アジェンダとして開示されることに意義があるといえる。

第4に、統合報告書におけるインタンジブルズ情報は、企業の戦略に組み込まれた形で開示されることが肝要である。そのためには、オクトパス・モデルにバランスト・スコアカードの4つの視点を組み入れた価値創造プロセスの中でインタンジブルズ情報を開示することが望まれる。このような形で価値創造プロセスを開示することは、企業の価値創造に関するより戦略的な情報開示となり、それが情報利用にも役立つものと考えられる。

6　結論

最後に、本研究の結論を述べる。本研究は、統合報告書に関して、情報開示という機能に加えて、情報利用という新たな機能を取り込んだものである。はじめに、情報開示について、アウトサイドイン・アプローチとインサイドアウト・アプローチに区分して、本研究の発見事項を明らかにする。次いで、情報

利用について、ステークホルダー・エンゲージメントによって戦略策定への情報利用に統合報告書を活用するという管理会計としての統合報告の役立ちまで踏み込んだ点の発見事項を明らかにする。

　第1に、情報開示のアウトサイドイン・アプローチの視点からみると、国際統合報告フレームワークの基本概念（価値創造、資本、価値創造プロセス）に準拠した統合報告書は、インタンジブルズの可視化に役立つということができる。三菱重工業、ローソン、野村総合研究所3社のケーススタディを通じて、定量的な情報によるインタンジブルズの可視化は、今のところほとんど期待できないことがわかった。これに対し、定性的な情報による可視化については、インタンジブルズに関する3つの資本（知的資本、人的資本、社会・関係資本）について、それがどのようなものであるかという説明は行われていた。これにより、各社が想定しているインタンジブルズの具体的な内容が国際統合報告フレームワークに準拠した統合報告書の中で開示されるようになったことが確認できた。このように、統合報告におけるインタンジブルズの情報開示は、その端緒が開かれたにすぎない。しかし、こうしたインタンジブルズに関する定性的な情報開示を契機として、①オクトパス・モデルの中に、バランスト・スコアカードおよび戦略マップを活用した戦略実行プロセスを組み入れた価値創造プロセスを描くこと、②知的資本報告書ガイドラインが提示したストーリー性をもった戦略の開示方法を統合報告に取り込んでいくことなど、各社が工夫を凝らすことによって、統合報告におけるインタンジブルズと価値創造プロセスの可視化の精度を高めることができる。

　第2に、情報開示のインサイドアウト・アプローチの視点で取り上げた付加価値会計情報は、戦略の可視化を意図した統合報告では、その役立ちに限界があることがわかった。とくに、付加価値会計情報と国際統合報告フレームワークの基本概念との関係性は希薄である。付加価値会計情報は、企業活動によって新たに生み出された価値（付加価値）を貨幣額で表したものである。それを国全体で表したものが国内総生産（GDP）であり、付加価値会計情報は社会的にも意義のある会計情報である。また、統合報告のKPIとして付加価値会

終章　統合報告におけるインタンジブルズの情報開示と戦略策定への情報利用

計情報が適しているという主張もみられる。しかし、付加価値会計情報は、ステークホルダー志向の経営にとって、とりわけ付加価値の分配という面で有用な会計情報であるものの、統合報告が求めている戦略をはじめ、インタンジブルズに関する非財務情報を説明できないという限界がある。また、実際に、統合報告書において付加価値会計情報を開示している日本企業はわずか2社であり、今日の企業経営において、付加価値会計情報はほとんど重視されていないというのが現状である。

　第3に、国際統合報告フレームワークに準拠した統合報告書は、ステークホルダーに対する情報開示だけでなく、ステークホルダー・エンゲージメントを通じた戦略策定への情報利用にも役立てることができることを明らかにした。したがって、企業は、株主をはじめとするステークホルダーを経営のよきパートナーと位置づけ、統合報告を活用して、ステークホルダーの意見を戦略策定に積極的に取り入れていくべきである。ケーススタディを行ったエーザイの統合報告書には、企業価値創造の中核となるがん領域と認知症領域についてグローバルに事業を展開するという戦略情報が開示されていた。また、知的資本としての研究開発体制と人的資本としてのグローバル人財の育成などのインタンジブルズに関する情報が、戦略情報に組み込まれた形で開示されていた。さらに、知的資本、人的資本というインタンジブルズに関係する2つの資本が、同社の価値創造と関連づけられて、製造資本や財務資本の有形資産よりも先に位置づけられていた。このように、インタンジブルズに関する情報を価値創造プロセスに組み入れて開示することが戦略策定への情報利用に役立つものと考える。

　インタンジブルズに対する会計のアプローチは、財務会計と管理会計が一体となった取り組みが行われることはほとんどなかった。統合報告は、インタンジブルズに関する情報開示（財務会計の課題）、情報利用（管理会計の課題）という財務会計と管理会計双方の研究成果を一元化させて取り組むことができるという点についても、本研究を通じて明らかにしたことを最後に付け加えておく。

参考文献

序章

Blair, M. M. and S. M. H. Wallman (2001), *Unseen Wealth : Report of the Brookings Task Force on Intangibles*, The Brookings Institution, (ブレアー・ウォールマン著, 広瀬義州他訳 (2002)『ブランド価値評価入門―見えざる富の創造―』中央経済社).

IIRC (2013), *The International ‹IR› Framework*, The International Integrated Reporting Council, (日本公認会計士協会訳 (2014)『国際統合報告フレームワーク日本語訳』).

Kaplan, R. S. and D. P. Norton (1992), The Balanced Scorecard―Measures That Drive Performance, *Harvard Business Review*, Jan.―Feb., pp. 71-79, (本田桂子訳 (1992)「新しい経営指標 "バランスド・スコアカード"」『DIAMOND ハーバード・ビジネス』1992 年 4-5 月号, pp. 81-90).

Kaplan, R. S. and D. P. Norton (2001), *The Strategy―Focused Organization*, Harvard Business School Publishing, (キャプラン・ノートン著, 櫻井通晴監訳 (2001)『キャプランとノートンの戦略バランスト・スコアカード』東洋経済新報社).

Kaplan, R. S. and D. P. Norton (2004), *Strategy Maps*, Harvard Business School Press, (キャプラン・ノートン著, 櫻井通晴・伊藤和憲・長谷川惠一監訳 (2004)『戦略マップ―バランスト・スコアカードの新・戦略実行フレームワーク』ランダムハウス講談社).

伊藤和憲 (2008)「管理会計の 40 年」『専修商学論集』Vol. 88, 2008 年 12 月号, pp. 13-23。

伊藤和憲 (2014a)「管理会計における統合報告の意義」『會計』Vol. 185, No. 2, pp. 14-26。

伊藤和憲 (2014b)『BSC による戦略の策定と実行―事例で見るインタンジブルズのマネジメントと統合報告の管理会計への貢献―』同文舘出版。

伊藤邦雄・加賀谷哲之 (2001)「企業価値と無形資産経営」『一橋ビジネスレビュー』Vol. 49, No. 3, pp. 44-62。

伊藤邦雄編著 (2006)『無形資産の会計』中央経済社。

木村麻子 (2003)「知的資産会計の基本問題―定義・認識・測定―」関西学院大学商学研究会『商學研究』Vol. 51, No. 1, pp. 55-85。

古賀智敏（2009）「序にかえて─会計理論変革の背景と論点─」，古賀智敏編（2009）
　　『財務会計のイノベーション─公正価値・無形資産・会計の国際化による知の創
　　造─』中央経済社。

古賀智敏（2012）『知的資産の会計─マネジメントと測定（改訂増補版）─』千倉書
　　房。

古賀智敏（2015）「統合報告研究の課題─方法の評価と今後の研究アジェンダ」『會
　　計』Vol. 183, No. 5, pp. 1-15。

櫻井通晴（2012）『管理会計第五版』同文舘出版。

櫻井通晴（2015）『管理会計第六版』同文舘出版。

榛沢明浩（1999）『知的資本とキャッシュフロー経営─ナレッジ・マネジメントによ
　　る企業変革と価値創造─』生産性出版。

第1章

Blair, M. M. and S. M. H. Wallman（2001），*Unseen Wealth : Report of the Brook-ings Task Force on Intangibles*, The Brookings Institution,（ブレアー・ウォー
ルマン著，広瀬義州他訳『ブランド価値評価入門─見えざる富の創造─』2002
年，中央経済社）.

Danish Agency for Trade and Industry, Ministry of Trade and Industry（2000），
A Guideline for Intellectual Capital Statements─A Key to Knowledge Manage-ment─, Danish Agency for Trade and Industry, Ministry of Trade and In-dustry.

Danish Ministry of Science, Technology and Innovation（2003），*Intellectual Capi-tal Statements─The New Guideline*, Danish Ministry of Science, Technology
and Innovation.

Edvinsson, L. and M. S. Malone（1997），*Intellectual Capital*, Harper Collins Pub-lishers, Inc.,（エドビンソン・マローン著，高橋透訳『インテレクチュアル・
キャピタル─企業の知力を測るナレッジ・マネジメントの新財務指標─』1999
年，日本能率協会マネジメントセンター）.

IIRC（2013），*The International ‹IR› Framework*, International Integrated Report-ing Council,（日本公認会計士協会訳（2014）『国際統合報告フレームワーク日本
語訳』）.

Ittner, C. D.（2008），Does measuring intangibles for management purposes im-prove performance ?─A review of the evidence─, *Accounting and Business*

参考文献

Research, Vol. 38, No. 3. pp. 261–271.

Ittner, C. D. and D. F. Larker (2005), Moving From Strategic Measurement to Strategic Data Analysis, in Chapman C. S. (Ed.), *Controlling Strategy—Management, Accounting, and Performance Measurement—*, Oxford University Press, (イットナー・ラーカー「戦略的測定から戦略的データ分析へ」, チャップマン編著, 澤辺紀生・堀井悟志監訳『戦略をコントロールする〜管理会計の可能性』2008年, 中央経済社).

Kaplan, R. S. and D. P. Norton (2004), *Strategy Maps*, Harvard Business School Press, (キャプラン・ノートン著, 櫻井通晴・伊藤和憲・長谷川惠一監訳『戦略マップ—バランスト・スコアカードの新・戦略実行フレームワーク』2005年, ランダムハウス講談社).

Kaplan, R. S. and D. P. Norton (2008), *The Execution Premium—Strategy to Operations for Competitive Advantage—*, Harvard Business School Corporation, (キャプラン・ノートン著, 櫻井通晴・伊藤和憲監訳『バランスト・スコアカードによる戦略実行のプレミアム』2009年, 東洋経済新報社).

Lev, B. (2001), *Intangibles—Management, and Reporting—*, The Brookings Institution Press, (レブ著, 広瀬義州・桜井久勝監訳『ブランドの経営と会計』2002年, 東洋経済新報社).

MERITUM Project (2002), *Guideline for Managing and Reporting on Intangibles (Intellectual Capital Report)*, European Commission.

Mouritsen, J., P. N. Bukh, B. Marr (2005), A Reporting Perspective on Intellectual Capital, in Marr, B. (Ed.), *Perspective on Intellectual Capital*, Routledge, pp. 69–81.

Schaltegger, S. (2012), Sustainability Reporting Beyond Rhetoric—Linking Strategy, Accounting and Communication—, in Jones, S. and J. Ratnatunga, (Ed.), *Contemporary Issues in Sustainability Accounting, Assurance and Reporting*, Emerald Group Publishing Limited, pp. 183–195.

伊藤和憲 (2009)「インタンジブルズ測定に関わる管理会計上の課題」『産業経理』Vol. 69, No. 2, pp. 70–79。

伊藤和憲 (2014)「管理会計における統合報告の意義」『會計』Vol. 185, No. 2, pp. 14–26。

経済産業省編 (2004)『通商白書2004—「新たな価値創造経済」に向けて』経済産業省。

経済産業省編（2005）『知的資産経営の開示ガイドライン』経済産業省。

櫻井通晴（2006）「管理会計における無形の資産のマネジメント」『企業会計』Vol. 58, No. 8, pp. 18-26。

櫻井通晴（2012）『管理会計　第五版』同文舘出版。

田邊朋子（2009）「IAS38 号無形資産」『会計・監査ジャーナル』No. 646, MAY, pp. 15-23。

浜田和樹（2001）「企業価値向上のための知的資産管理」，門田安弘・浜田和樹・李健泳編著『組織構造のデザインと業績管理』中央経済社，pp. 46-58。

第 2 章

Danish Agency for Trade and Industry, Ministry of Trade and Industry (2000), *A Guideline for Intellectual Capital Statements—A Key to Knowledge Management—*, Danish Agency for Trade and Industry, Ministry of Trade and Industry.

Danish Ministry of Science, Technology and Innovation (2003), *Intellectual Capital Statements—The New Guideline*, Danish Ministry of Science, Technology and Innovation.

Edvinsson, L. and M. S. Malone (1997), *Intellectual Capital*, Harper Collins Publishers, Inc., (エドビンソン・マローン著，高橋透訳『インテレクチュアル・キャピタル―企業の知力を測るナレッジ・マネジメントの新財務指標―』1999 年，日本能率協会マネジメントセンター).

Eustace C. (2003), *Report of Research Findings and Policy Recommendations*, Preliminary Draft, May 2003, Based on the final report of the PRISM consortium.

Holtham, C. and R. Youngman (2002), *Measurement and Reporting of Intangibles —A European Policy Perspective—*, A Paper of The Intangibles Conference at McMaster University, Canada in Jan. 2003.

Holtham, C. (2003), *PRISM Project Overview 2001/2003*, European Commission IST project 2000-29665.

IIRC (2011), *Toward Integrated Reporting—Communicating Value in the 21st Century—*, International Integrated Reporting Committee Discussion Paper, (日本公認会計士協会仮訳「統合報告に向けて―21 世紀における価値の伝達」2011 年).

参考文献

IIRC (2013a), *Consultation Draft of the International ‹IR› Framework*, International Integrated Reporting Council, (日本公認会計士協会仮訳「国際統合報告‹IR›フレームワーク―コンサルテーション草案」2013年).

IIRC (2013b), *The International ‹IR› Framework*, International Integrated Reporting Council, (日本公認会計士協会訳『国際統合報告フレームワーク日本語訳』2014年).

Kaplan, R. S. and D. P. Norton (1992), The Balanced Scorecard―Measures That Drive Performance―, *Harvard Business Review*, Jan.-Feb., pp. 71-79, (本田桂子訳「新しい経営指標"バランスド・スコアカード"」『DIAMONDハーバード・ビジネス』1992年4-5月号, pp. 81-90).

Kaplan, R. S. and D. P. Norton (1996), Using the Balanced Scorecard as a Strategic Management System, *Harvard Business Review*, Jan.-Feb. pp. 75-85, (鈴木一功訳「バランス・スコアカードによる戦略的マネジメントの構築」『DIAMONDハーバード・ビジネス』1997年2-3月号, pp. 92-105).

Kaplan, R. S. and D. P. Norton (2000), Having Trouble with Your Strategy? Then Map It, *Harvard Business Review*, Sept.―Oct., pp. 167-176, (伊藤嘉博監訳, 村井章子訳「バランスト・スコアカードの実践ツール:「ストラテジー・マップ」」『DIAMONDハーバード・ビジネス・レビュー』2001年2月号, pp. 28-41).

Kaplan, R. S. and D. P. Norton (2001), *The Strategy―Focused Organization―*, Harvard Business School Publishing, (キャプラン・ノートン著, 櫻井通晴監訳『キャプランとノートンの戦略バランスト・スコアカード』2001年, 東洋経済新報社).

Kaplan, R. S. and D. P. Norton (2004), *Strategy Maps*, Harvard Business School Press, (キャプラン・ノートン著, 櫻井通晴・伊藤和憲・長谷川惠一監訳『戦略マップ―バランスト・スコアカードの新・戦略実行フレームワーク』2005年, ランダムハウス講談社).

MERITUM Project (2002), *Guideline for Managing and Reporting on Intangibles (Intellectual Capital Report)*, European Commission.

伊藤邦雄 (2011)「財務報告の変革と企業価値評価」『企業会計』Vol. 63, No. 12, pp. 48-57。

経済産業省編 (2004)『通商白書2004―「新たな価値創造経済」に向けて―』経済産業省。

経済産業省編（2005）『知的資産経営の開示ガイドライン』経済産業省。

古賀智敏（2012）『知的資産の会計―マネジメントと測定―（改訂増補版）』千倉書房。

櫻井通晴（2012）『管理会計第五版』同文舘出版。

西原利昭（2015）「インタンジブルズに基づく企業の価値創造―BSC，知的資本報告書，統合報告の論点比較―」『原価計算研究』Vol. 39, No. 1, pp. 32-42。

第3章

Blair, M. M. and S. M. H. Wallman (2001), *Unseen Wealth―Report of the Brookings Task Force on Intangibles―*, The Brookings Institution, (広瀬義州他訳 (2002)『ブランド価値評価入門～見えざる富の創造』中央経済社).

Danish Ministry of Science, Technology and Innovation (2003), *Intellectual Capital Statements―The New Guideline―*, Danish Ministry of Science, Technology and Innovation.

Eccles, R. G. and M. P. Krzus (2010), *One Report―Integrated Reporting for Sustainable Strategy―*, John Wiley & Sons, Inc., (花堂靖仁監訳，ワンレポート日本語版委員会訳 (2012)『ワンレポート―統合報告が開く持続可能な社会と企業―』東洋経済新報社).

Edvinsson, L. and M. S. Malone (1997), *Intellectual Capital*, Harper Collins Publishers, Inc., (高橋透訳 (1999)『インテレクチュアル・キャピタル―企業の知力を測るナレッジ・マネジメントの新財務指標―』日本能率協会マネジメントセンター).

IIRC (2013), *The International ‹IR› Framework*, International Integrated Reporting Council, (日本公認会計士協会訳 (2014)『国際統合報告フレームワーク日本語訳』).

Lev, B. (2001), *Intangibles―Management, Measurement and Reporting―*, The Brookings Institution Press. (広瀬義州・桜井久勝監訳 (2002)『ブランドの経営と会計』東洋経済新報社).

MERITUM Project (2002), *Guideline for Managing and Reporting on Intangibles (Intellectual Capital Report)*, European Commission.

Mouritsen, J., P. N. Bukh, B. Marr (2005), A Reporting Perspective on Intellectual Capital, in Marr, B. (Ed.) *Perspective on Intellectual Capital*, Routledge, pp. 69-81.

伊藤和憲（2014）『BSC による戦略の策定と活用―事例で見るインタンジブルズのマネジメントと統合報告への管理会計の貢献―』同文舘出版。

伊藤和憲（2015）「日本の統合報告の実態と企業変革の可能性」『第 1 回会計・IR 研究会講演資料』2015 年 7 月。

ESG コミュニケーション・フォーラム（2015）「国内レポート情報」ESG コミュニケーション・フォーラム，http://www.esgcf.com/archive/a_repo.html，（2015 年 4 月 24 日〜7 月 5 日閲覧）。

経済産業省編（2005）『知的資産経営の開示ガイドライン』経済産業省。

KPMG Insight（2015）「第 13 回日本企業の統合報告書に関する事例調査結果（前篇）」『KPMG Newsletter』2015 年 3 月号。

KPMG Insight（2015）「第 14 回日本企業の統合報告書に関する事例調査結果（後編）」『KPMG Newsletter』2015 年 5 月号。

櫻井通晴（2012）『管理会計第五版』同文舘出版。

宝印刷（2013）『統合報告‹IR›通信』第 19 号，宝印刷株式会社。

宝印刷・総合ディスクロージャー&IR 研究所（2016）『ESG/統合報告　研究通信』，Vol. 1, p. 1，宝印刷株式会社。

野村総合研究所（2014）『統合レポート 2014』株式会社野村総合研究所。

三菱重工業（2014）『MHI REPORT 2014 三菱重工グループ統合レポート』三菱重工業株式会社。

ローソン（2014）『INTEGRATED REPORT 2014 ローソン統合報告書』株式会社ローソン。

第 4 章

Freeman, R. E. and D. L. Read (1983), Stockholders and Stakeholders—A New Perspective on Corporate Governance, *California Management Review*, Vol. XXV, No. 3, pp. 88-106.

Freeman, R. E., J. S. Harrison, and A. C. Wicks (2007), *Making for Stakeholders —Survival, Reputation, and Success*, Yale University Press（中村瑞訳者代表（2010）『利害関係者志向の経営―存続，世評，成功―』白桃書房）。

GRI (2013), *Sustainability Reporting Guidelines Version 4*, Global Reporting Initiative.

Haller, A. and C. van Staden, (2014), The value added statement—An appropriate instrument for Integrated Reporting, *Auditing and Accountability Journal*,

Vol. 27, pp. 1190–1216.

IIRC（2013a）, *Consultation Draft of the International ‹IR› Framework*, International Integrated Reporting Council,（日本公認会計士協会仮訳（2013）『国際統合報告‹IR›フレームワーク―コンサルテーション草案』）.

IIRC（2013b）, *The International ‹IR› Framework*, International Integrated Reporting Council,（日本公認会計士協会訳（2014）『国際統合報告フレームワーク日本語訳』）.

Schaltegger, S.（2012）, Sustainability Reporting Beyond Rhetoric―Linking Strategy, Accounting and Communication―, in Jones, S. and J. Ratnatunga, （Ed.）, *Contemporary Issues in Sustainability Accounting, Assurance and Reporting*, Emerald Group Publishing Limited, pp. 183–195.

アメーバ経営学術研究会（2010）『アメーバ経営学―理論と実証―』丸善出版事業部。

伊藤和憲（2016）「利害関係者の利害調整からステークホルダーとの対話へ」『RIDディスクロージャーニュース 2016/4』Vol. 32, pp. 123-128。

稲盛和夫『Official Site』www.kyocera.co.jp/inamori/management/amoeba/,（2016年4月17日閲覧）。

エーザイ（2015）『統合報告書2015』エーザイ株式会社。

岡本清，廣本敏郎，尾畑裕，挽文子（2008）『管理会計第2版』中央経済社。

川崎重工業（2013）『Kawasaki Report 2013』川崎重工業株式会社。

川崎重工業（2014）『Kawasaki Report 2014』川崎重工業株式会社。

川崎重工業（2015）『Kawasaki Report 2015』川崎重工業株式会社。

阪智香（2015）「統合報告の国際的な研究・開示動向とKPIの提言」『會計』Vol. 187, No. 1, pp. 97-111。

櫻井通晴（2014）『原価計算』同文舘出版。

櫻井通晴（2015）『管理会計第六版』同文舘出版。

桜井久勝（2011）『財務諸表分析第4版』中央経済社。

宝印刷・総合ディスクロージャー＆IR研究所 ESG/統合報告研究室（2016）『ESG/統合報告通信』Vol. 1, 宝印刷株式会社。

新原浩朗（2003）『日本の優秀企業研究―企業経営の原点6つの条件―』日本経済新聞社。

日本会計研究学会・付加価値会計特別委員会（1974），「付加価値会計特別委員会中間報告（昭和48年度報告）」『會計』Vol. 107, No1,. pp. 157-163。

参考文献

水口剛（2005）『社会を変える会計と投資』岩波科学ライブラリー106，岩波書店。

水野一郎（2008）「付加価値管理会計の展開—京セラアメーバー経営を中心として」『會計』Vol. 173, No. 2, pp. 84–94。

水野一郎（2012）「京セラアメーバ経営の展開—JAL の再生を中心として—」『関西大学商学論集』Vol. 57, No. 3, pp. 129–146。

牟禮恵美子（2015）「統合報告における付加価値会計情報の役割」『RID　ディスクロージャーニュース 2015/4』Vol. 28, pp. 151–156。

山上達人（1983）「現代会計の動向—付加価値会計の新しい展開—」『會計』Vol. 123, No. 6, pp. 13–30。

山上達人（1984）『付加価値会計の研究』有斐閣。

第 5 章

AccountAbility（2011）, *AA1000 Stakeholder Engagement Standard 2011*, Account-Ability.

Ansoff, I.（1965）, *Corporate Strategy—An Analytic Approach to Business Policy for Growth and Expantion—*, McGraw-Hill,（広田寿亮訳（1974）『企業戦略論』産業能率大学出版会）.

Burritt, R. L. and S. Schaltegger（2010）, Sustainability Accounting and Reporting: Fad or Trend?, *Accounting, Auditing & Accountability Journal*, Vol. 23, No. 7, pp. 829–846.

Dill, W. R.（1975）, Public Participation in Corporate Planning—Strategic Management in a Kibitzer's World—, *Long Range Planning*, Vol. 8, No. 1, pp. 57–63.

Eccles, R. G. and M. P. Krzus（2010）, *One Report: —Integrated Reporting for a Sustainable Strategy—*, John Wiley & Sons,（花堂靖仁監訳（2012）『ワンレポート—統合報告が開く持続可能な社会と企業—』東洋経済新報社）.

Fasan, M.（2013）, Annual Reports, Sustainability Reports and Integrated Reports —Trends in Corporate Disclosure—, in Busco, C., M. L. Frigo, and A. Riccaboni, P. Quattrone,（Ed.）*Integrated Reporting—Concepts and Cases that Redefine Corporate Accountability—*, Springer, pp. 41–57.

Freeman, R. E. and D. L. Reed（1983）, Stockholders and Stakeholders—A New Perspective on Corporate Governance—, *California Management Review*, Vol. 25, No. 3, pp. 88–106.

George, B.（2003）, *Authentic Leadership—Rediscovering the Secrets to Creating*

Lasting Value―, Jossey-Bass,（梅津祐良訳（2004）『ミッション・リーダーシップ』生産性出版）.

GRI（2013）, *Sustainability Reporting Guideline Version 4*, Global Reporting Initiative.

Haller, A. and C. van Staden（2014）, The Value Added Statement―An Appropriate Instrument for Integrated Reporting―, *Accounting, Auditing & Accountability Journal*, Vol. 27, No. 7, pp. 1190-1216.

IIRC（2013）, *The International ‹IR› Framework*, International Integrated Reporting Council,（日本公認会計士協会訳（2014）『国際統合報告フレームワーク日本語訳』）.

Oxford（2010）, *Oxford Dictionary of English, 3rd. edition*, Oxford University Press.

Porter, M. E. and M. R. Kramer（2011）, Created Shared Value, *Harvard Business Review*, Jan.-Feb., pp. 62-77,（編集部訳（2011）「共通価値の戦略」『Diamond Harvard Business Review』June, pp. 8-31）.

Schaltegger, S.（2012a）, Sustainability Reporting in the Light of Business Environments―Linking Business Environment, Strategy, Communication and Accounting, *Discussion Paper*.

Schaltegger, S.（2012b）, Sustainability Reporting Beyond Rhetoric―Linking Strategy, Accounting and Communication―, in Jones, S. and J. Ratnatunga,（Ed.）, *Contemporary Issues in Sustainability Accounting, Assurance and Reporting*, Emerald Group Publishing Limited, pp. 183-195.

Stubbs, W. and C. Higgins（2014）, Integrated Reporting and Internal Mechanisims of Change, *Accounting, Auditing & Acoountability Journal*, Vol. 27, No. 7, pp. 1068-1089.

伊藤和憲（2014a）「管理会計における統合報告の意義」『會計』Vol. 185, No, 2, pp. 14-26。

伊藤和憲（2014b）「管理会計の視点からみた統合報告」『企業会計』Vol. 66, No. 5, pp. 83-88。

伊藤和憲（2016a）「わが国の統合報告の実態と組織変革の可能性」『日本知的資産経営学会誌』No. 2, pp. 59-74。

伊藤和憲（2016b）「利害関係者の利害調整からステークホルダーとの対話へ」『ディスクロージャー・ニュース』Vol. 32, pp. 123-128。

参考文献

内山哲彦（2015）「経営管理からみた統合報告の役割と課題」『Aoyama Accounting Review』Vol. 5, pp. 42-46。

エーザイ（2015）『統合報告書 2015』エーザイ株式会社。

古賀智敏（2015）「統合報告研究の課題・方法の評価と今後の研究アジェンダ」『會計』Vol. 188, No. 5, pp. 1-15。

三省堂（2013）『ウィズダム英和辞典第 3 版』三省堂。

宝印刷・総合ディスクロージャー＆IR 研究所（2016）『ESG/統合報告　研究通信』Vol. 1, p. 1, 宝印刷株式会社。

谷本寛治（2006）『CSR─企業と社会を考える─』NTT 出版。

柳　良平（2015）『ROE 革命の財務戦略』中央経済社。

終章

GRI（2013）, *Sustainability Reporting Guideline Version 4*, Global Reporting Initiative.

IIRC（2013）, *The International ‹IR› Framework*, The International Integrated Reporting Council.（日本公認会計士協会訳（2014）『国際統合報告フレームワーク日本語訳』）.

Schaltegger, S.（2012）, Sustainability Reporting Beyond Rhetoric─Linking Strategy, Accounting and Communication─, in Jones, S. and J. Ratnatunga, （Ed.）, *Contemporary Issues in Sustainability Accounting, Assurance and Reporting*, Emerald Group Publishing Limited, pp. 183-195.

伊藤和憲（2014）「管理会計における統合報告の意義」『會計』Vol. 185, No. 2, pp. 14-26。

伊藤和憲・西原利昭（2016）「エーザイのステークホルダー・エンゲージメント」『産業経理』Vol. 76, No. 2, pp. 39-51。

エーザイ（2015）『統合報告書 2015』エーザイ株式会社。

櫻井通晴（2006）「管理会計における無形の資産のマネジメント」『企業会計』Vol. 58, No. 8, pp. 18-26。

宝印刷・総合ディスクロージャー＆IR 研究所（2016）『ESG/統合報告　研究通信』, Vol. 1, p. 1, 宝印刷株式会社。

西原利昭（2015）「インタンジブルズに基づく企業の価値創造─BSC，知的資本報告書，統合報告の論点比較─」『原価計算研究』Vol. 39, No. 1, pp. 32-42。

西原利昭（2016）「インタンジブルズの可視化に向けた統合報告の役立ち─日本企業

の統合報告書をもとに―」『日本知的資産経営学会誌』No2, pp. 97-109。

山上達人（1984）『付加価値会計の研究』有斐閣。

付属資料1 日本企業の統合報告書一覧（2014 年 12 月末現在）

№	企業名	統合報告書の名称
1	アイシン精機株式会社	アイシングループレポート 2014
2	曙ブレーキ工業株式会社	AKEBONO REPORT 2014
3	旭化成株式会社	旭化成レポート 2014
4	旭硝子株式会社	AGC レポート 2014
5	朝日工業株式会社	朝日工業グループレポート 2014
6	あすか製薬株式会社	ASKA REPORT 2014
7	アステラス製薬株式会社	アニュアルレポート 2014
8	アズビル株式会社	azbil report 2014
9	アミタホールディングス株式会社	2014 年度 年次報告書
10	あらた監査法人	2014 アニュアルレビュー
11	株式会社アルバック	UL VAC REPORT 2014
12	株式会社アーレスティ	Ahresty Report 2014
13	飯野海運株式会社	経営報告書 2014
14	イオンフィナンシャルサービス株式会社	ディスクロージャー＆CSR レポート 2014
15	出光興産株式会社	出光レポート 2014
16	伊藤忠エネクス株式会社	エネクスレポート 2014
17	伊藤忠商事株式会社	アニュアルレポート 2014
18	伊藤忠テクノソリューションズ株式会社	アニュアルレポート 2014
19	E Y Japan	年次報告書 2014
20	ANA ホールディングス株式会社	アニュアルレポート 2014 3月期
21	エコー電子工業株式会社	統合報告書 2014
22	エーザイ株式会社	アニュアル・レポート 2014 ＊
23	エステー株式会社	企業価値の創造報告書 2014
24	NEC キャピタルソリューション株式会社	統合レポート 2014
25	NTN 株式会社	NTN レポート 2014
26	エヌ・ティ・ティ都市開発株式会社	アニュアルレポート 2014
27	王子ホールディングス株式会社	王子グループレポート 2014
28	株式会社大林組	OBAYASHI コーポレートレポート 2014
29	株式会社オハラ	オハラレポート 2015
30	オムロン株式会社	統合レポート 2014
31	株式会社カイオム・バイオサイエンス	アニュアルレポート 2014
32	鹿島建設株式会社	コーポレートレポート 2014
33	株式会社カナデン	カナデンレポート 2014
34	川崎汽船株式会社	"K"LINE REPORT 2014

No.	企業名	統合報告書の名称	
35	川崎重工業株式会社	Kawasaki Report 2014	
36	関西電力株式会社	関西電力グループレポート 2014	
37	関西ペイント株式会社	Corporate Report 2014	
38	株式会社キッツ	コーポレートレポート	
39	株式会社協和エクシオ	コーポレートレポート 2014 年版	
40	協和発酵キリン株式会社	アニュアルレポート 2014	
41	株式会社クボタ	KUBOTA REPORT 2015	
42	クラリオン株式会社	クラリオンレポート 2014	
43	株式会社栗本鐵工所	KURIMOTO REPORT 2014	
44	KDDI 株式会社	統合レポート 2014	
45	国際石油開発帝石株式会社	アニュアルレポート 2014	
46	株式会社小松製作所	コマツレポート 2014	
47	五洋建設株式会社	コーポレートレポート 2014	
48	サトーホールディングス株式会社	統合報告書 2014	
49	三機工業株式会社	SANKI REPORT 2014	
50	サンメッセ株式会社	SUN MESSE REPORT 2014	
51	ジェイ エフ イー ホールディングス株式会社	JFE グループ TODAY 2014	
52	株式会社 J-オイルミルズ	J-オイルミルズ レポート 2014	
53	株式会社 JVC ケンウッド	JVC ケンウッドリポート 2014	
54	塩野義製薬株式会社	アニュアルレポート 2014	
55	四国電力株式会社	よんでんアニュアルレポート 2014	
56	株式会社資生堂	アニュアルレポート 2014	*
57	昭和シェル石油株式会社	コーポレートレポート 2014	
58	昭和電機株式会社	統合報告書 2014（知的資産経営報告書）	*
59	株式会社SCREENホールディングス株式会社	経営レポート 2014	
60	住友商事株式会社	アニュアルレポート 2014	
61	住友生命保険相互会社	ディスクロージャー誌 2014	
62	住友理工株式会社	アニュアルレポート 2014	
63	セガサミーホールディングス株式会社	アニュアルレポート 2014	
64	双日株式会社	アニュアルレポート 2014	
65	損保ジャパン日本興亜ホールディングス株式会社	NKSJ ホールディングスの現状（統合報告書）2014	
66	第一三共株式会社	バリューレポート 2014	
67	第一生命保険株式会社	第一生命アニュアルレポート 2014	
68	大成建設株式会社	TAISEI CORPORATE REPORT 2014	

付属資料 1

No.	企業名	統合報告書の名称
69	ダイダン株式会社	ダイダンレポート 2014
70	大東建託株式会社	DAITO GROUP Financial & CSR Report 2014 *
71	大日本住友製薬株式会社	アニュアルレポート 2014
72	株式会社大和証券グループ本社	年次報告書 2014
73	武田薬品工業株式会社	Annual Report 2014
74	株式会社竹中工務店	竹中コーポレートレポート 2015
75	田辺三菱製薬株式会社	コーポレートレポート 2014
76	中外製薬株式会社	アニュアルレポート 2014
77	中部電力株式会社	中部電力グループアニュアルレポート 2014
78	椿本チエイン株式会社	つばきグループコーポレートレポート 2014
79	テイ・エス・テック株式会社	テイ・エステックレポート 2014
80	電気化学工業株式会社	CSR 報告書 2014
81	株式会社東京ドーム	東京ドームグループレポート 2014
82	株式会社東芝	アニュアルレポート 2014
83	TOTO 株式会社	TOTO グループコーポレートレポート 2014
84	東洋建設株式会社	CORPORATE REPORT 2014
85	東洋電機製造株式会社	東洋電機製造レポート 2014
86	凸版印刷株式会社	アニュアルレポート 2014
87	戸田建設株式会社	コーポレートレポート 2014
88	トピー工業株式会社	TOPY Report 2014
89	株式会社豊田合成	豊田合成レポート 2014
90	豊田自動織機株式会社	豊田自動織機レポート 2014
91	豊田通商株式会社	アニュアルレポート 2014
92	トヨタ紡織株式会社	トヨタ紡織レポート 2014
93	長瀬産業株式会社	アニュアルレポート 2014
94	ナブテスコ株式会社	インテグレイテッドレポート 2014
95	株式会社ニコン	ニコンレポート 2014
96	ニチコン株式会社	統合報告書 2014
97	日東電工株式会社	Nitto グループレポート 2014
98	日本航空株式会社	JAL REPORT 2014
99	日本新薬株式会社	日本新薬レポート 2014
100	株式会社日本政策投資銀行	CSR・ディスクロージャー誌 2014 年度版
101	日本ゼオン株式会社	コーポレートレポート 2014
102	日本電気株式会社	アニュアルレポート 2014

No.	企業名	統合報告書の名称	
103	日本電信電話株式会社	アニュアルレポート 2014	
104	株式会社日本取引所グループ	JPX レポート 2014	
105	日本発條株式会社	ニッパツレポート 2014	
106	日本郵船株式会社	NYK レポート 2014	
107	日本ユニシス株式会社	コーポレートレポート 2014	
108	株式会社乃村工藝社	アニュアルレポート 2014	
109	株式会社野村総合研究所	統合レポート 2014	＊
110	野村不動産ホールディングス株式会社	統合レポート 2014	＊
111	野村ホールディングス株式会社	Nomura レポート 2014	
112	日立化成株式会社	アニュアルレポート 2014	＊
113	日立建機株式会社	CSR&Financial Report 2014	
114	ヒューリック株式会社	CSR レポート 2014	
115	株式会社ファミリーマート	アニュアルレポート 2014	
116	株式会社フジクラ	CSR 統合報告書 2014	
117	富士重工業株式会社	アニュアルレポート 2014	
118	富士通株式会社	アニュアルレポート 2014	
119	富士電機株式会社	富士電機レポート 2014	
120	古河電気工業株式会社	サステナビリティレポート 2014	
121	フロイント産業株式会社	2014 年 2 学期統合報告書	
122	北越紀州製紙グループ	コーポレートレポート 2014 年版	
123	ポーラ・オルビスホールディングス株式会社	コーポレートレポート 2014	＊
124	株式会社堀場製作所	HORIBA Report 2014	
125	丸紅株式会社	アニュアルレポート 2014	
126	三井物産株式会社	アニュアルレポート 2014	
127	株式会社三菱ケミカルホールディングス	KAITEKI レポート 2014	
128	三菱重工業株式会社	MHI REPORT 2014 三菱重工グループ統合レポート	＊
129	三菱商事株式会社	統合報告書 2014	
130	三菱 UFJ リース株式会社	Corporate Report 2014	
131	明治ホールディングス株式会社	アニュアルレポート 2014	
132	株式会社明電舎	明電舎レポート 2014	
133	株式会社安川電機	YASUKAWA レポート 2014	
134	ヤマハ発動機株式会社	アニュアルレポート 2012	
135	株式会社ユナイテッドアローズ	ANNUAL REPORT 2014	
136	株式会社吉野家ホールディングス	CORPORATE REPORT 2014	

付属資料1

No.	企業名	統合報告書の名称	
137	株式会社 LIXIL グループ	ANNUAL REPORT 2014	
138	株式会社リコー	リコーグループサステナビリティレポート 2014	
139	株式会社レオパレス21	アニュアルレポート 2014	
140	株式会社ローソン	INTEGRATED REPORT 2014（ローソン統合報告書）	＊
141	ローム株式会社	ROHM Group Innovation Report 2014	
142	株式会社ワコールホールディングス	統合レポート 2014	

出典：企業名は ESG コミュニケーション・フォーラム（2015）に基づく。統合報告書の名称は各社の Web サイトの閲覧を通じた筆者調査による（閲覧期間：2015年4月24日から7月5日まで）。欄外の＊は国際統合報告フレームワークの基本概念（価値創造、資本、価値創造プロセス）に準拠している統合報告書である（10社/142社）。

付属資料 2 日本企業の統合報告書一覧（2015 年 12 月末現在）

No.	企業名	統合報告書の名称	
1	株式会社 IHI	IHI 統合報告書 2015	*
2	アイシン精機株式会社	アイシングループレポート 2015	
3	IDEC 株式会社	IDEC Report 2015	
4	曙ブレーキ工業株式会社	AKEBONO REPORT 2015	
5	旭化成株式会社	旭化成レポート 2015	
6	旭硝子株式会社	AGC レポート 2015	
7	朝日工業株式会社	朝日工業グループレポート 2015	
8	アサヒグループホールディングス株式会社	統合報告書 2014	*
9	あすか製薬株式会社	ASKA REPORT 2015	
10	アステラス製薬株式会社	アニュアルレポート 2015	
11	アズビル株式会社	azbil report 2015	
12	アミタホールディングス株式会社	2014 年度 年次報告書	*
13	あらた監査法人	2015 アニュアルレビュー	
14	株式会社アルバック	ULVAC REPORT 2015	
15	アルプス電気株式会社	ANNUAL REPORT 2015	
16	株式会社アーレスティ	Ahresty Report 2015	
17	アンリツ株式会社	2015 アンリツレポート （Anritsu Integrated Reporting）	*
18	飯野海運株式会社	経営報告書 2015	
19	イオンフィナンシャルサービス株式会社	2015 中間期ディスクロージャー誌	
20	出光興産株式会社	出光レポート 2015	
21	株式会社伊藤園	伊藤園レポート 2015	
22	伊藤忠エネクス株式会社	エネクスレポート 2015	
23	伊藤忠商事株式会社	アニュアルレポート 2015	
24	伊藤忠テクノソリューションズ株式会社	アニュアルレポート 2015	
25	E Y Japan	（閲覧不能）	
26	ANA ホールディングス株式会社	アニュアルレポート 2015 3 月期	*
27	エコー電子工業株式会社	統合報告書 2015	
28	エーザイ株式会社	統合報告書 2015	*
29	SCSK 株式会社	統合報告書 2015	
30	エステー株式会社	企業価値の創造報告書 2015	
31	NEC キャピタルソリューション株式会社	統合レポート 2015	
32	NS ユナイテッド海運株式会社	NS United REPORT 2015	
33	NTN 株式会社	NTN レポート 2015	*

付属資料 2

No.	企業名	統合報告書の名称	
34	エヌ・ティ・ティ都市開発株式会社	アニュアルレポート 2015	
35	MS&AD インシュアランスグループホールディングス株式会社	CSR Report 2015	
36	大阪ガス株式会社	大阪ガスグループ CSR レポート 2015	
37	王子ホールディングス株式会社	王子グループレポート 2015	
38	大塚ホールディングス株式会社	アニュアルレポート 2014/12	
39	株式会社大林組	OBAYASHI コーポレートレポート 2015	
40	小野薬品工業株式会社	コーポレートレポート 2015	
41	株式会社オハラ	オハラレポート 2016	
42	オムロン株式会社	統合レポート 2015	
43	株式会社オリエンタルランド	アニュアルレポート 2015	
44	オリックス株式会社	ANNUAL REPORT 2015	
45	オリンパス株式会社	アニュアルレポート 2015	
46	株式会社カイオム・バイオサイエンス	統合報告書 2014	
47	花王株式会社	花王サステナビリティレポート 2015	
48	鹿島建設株式会社	コーポレートレポート 2015	
49	株式会社カナデン	カナデンレポート 2015	
50	株式会社カプコン	アニュアルレポート（統合報告書）2015	＊
51	川崎汽船株式会社	"K" LINE REPORT 2015	
52	川崎重工業株式会社	Kawasaki Report 2015	
53	関西電力株式会社	関西電力グループレポート 2015	
54	関西ペイント株式会社	Corporate Report 2015	
55	株式会社協和エクシオ	コーポレートレポート 2015 年版	
56	協和発酵キリン株式会社	アニュアルレポート 2014/12	＊
57	キョーリン製薬ホールディングス株式会社	アニュアルレポート 2015	＊
58	キリンホールディングス株式会社	KIRIN REPORT 2014	
59	株式会社クボタ	KUBOTA REPORT 2015	
60	クラリオン株式会社	クラリオンレポート 2014	
61	株式会社栗本鐵工所	KURIMOTO REPORT 2015	
62	株式会社クレディセゾン	CORPORATE PROFILE 2015	
63	KDDI 株式会社	統合レポート 2015	
64	国際石油開発帝石株式会社	アニュアルレポート 2015	
65	株式会社小松製作所	コマツレポート 2015	
66	五洋建設株式会社	コーポレートレポート 2015	
67	サトーホールディングス株式会社	統合報告書 2015	

No.	企業名	統合報告書の名称	
68	沢井製薬株式会社	統合報告書（2015 年 3 月期）	*
69	三機工業株式会社	SANKI REPORT 2015	
70	株式会社サンゲツ	SANGETSU REPORT 2015	
71	サンメッセ株式会社	サンメッセ統合レポート 2015	
72	JX ホールディングス株式会社	アニュアルレポート 2015	
73	ジェイエフイーホールディングス株式会社	JFE グループ TODAY 2015	
74	株式会社 J-オイルミルズ	J-オイルミルズレポート 2015	
75	株式会社 JVC ケンウッド	JVC ケンウッドリポート 2015	
76	塩野義製薬株式会社	アニュアルレポート 2015	*
77	四国電力株式会社	よんでんグループアニュアルレポート 2015	
78	シスメックス株式会社	アニュアルレポート 2015	
79	株式会社資生堂	アニュアルレポート 2015	
80	株式会社商船三井	アニュアルレポート 2015 年版	
81	昭和シェル石油株式会社	コーポレートレポート 2015	
82	昭和電機株式会社	統合報告書 2014（知的資産経営報告書）	*
83	新日鐵住金株式会社	アニュアルレポート 2015	
84	株式会社すかいらーく	アニュアルレポート 2014	
85	株式会社SCREENホールディングス株式会社	経営レポート 2015	
86	住友化学株式会社	アニュアルレポート 2015	
87	住友商事株式会社	アニュアルレポート 2015	
88	住友生命保険相互会社	ディスクロージャー誌 2015	
89	住友理工株式会社	統合報告書 2015	
90	住友林業株式会社	アニュアルレポート 2015	
91	セイコーホールディングス株式会社	コーポレートレポート 2015-2016	
92	セガサミーホールディングス株式会社	アニュアルレポート 2015	
93	積水ハウス株式会社	Sustainability Report 2015	*
94	株式会社千趣会	千趣会レポート 2015	
95	綜合警備保障株式会社	ALSOK REPORT 2015	
96	総合メディカル株式会社	第 37 期年次報告書 2015	
97	双日株式会社	統合報告書 2015	
98	ソフトバンク株式会社	アニュアルレポート 2015	
99	ソニー株式会社	CSR レポート	
100	損保ジャパン日本興亜ホールディングス株式会社	統合報告書 2015	
101	第一三共株式会社	バリューレポート 2015	

付属資料 2

No.	企業名	統合報告書の名称	
102	第一生命保険株式会社	第一生命アニュアルレポート 2015	
103	株式会社大京	大京グループレポート 2015（統合報告書）	*
104	大成建設株式会社	TAISEI CORPORATE REPORT 2015	*
105	ダイダン株式会社	ダイダンレポート 2015	
106	大東建託株式会社	DAITO KENTAKU GROUP Strategy Report 2015	
107	大日本印刷株式会社	ANNUAL REPORT 2015	
108	大日本住友製薬株式会社	アニュアルレポート 2015	
109	太平洋工業株式会社	CSR レポート 2015	
110	株式会社大和証券グループ本社	年次報告書 2015	
111	大和ハウス工業株式会社	2015 アニュアルレポート	
112	武田薬品工業株式会社	Annual Report 2015	
113	株式会社竹中工務店	竹中コーポレートレポート 2015	
114	田辺三菱製薬株式会社	コーポレートレポート 2015	
115	中外製薬株式会社	アニュアルレポート 2014	
116	中部電力株式会社	中部電力グループアニュアルレポート 2015	
117	椿本チエイン株式会社	つばきグループコーポレートレポート 2015	
118	株式会社 T&D ホールディングス	アニュアルレポート 2015（統合版）	
119	テイ・エステック株式会社	テイ・エステックレポート 2015	*
120	帝人株式会社	統合報告書 2015	
121	電気化学工業株式会社	CSR 報告書 2015	
122	東京エレクトロン株式会社	アニュアルレポート 2015	
123	東京海上ホールディングス株式会社	統合レポート 2015	
124	東京ガス株式会社	東京ガスグループ CSR レポート 2015	
125	株式会社東京ドーム	東京ドームグループレポート 2015	
126	株式会社東芝	アニュアルレポート 2015	
127	TOTO 株式会社	TOTO グループコーポレートレポート 2015	
128	東洋エンジニアリング株式会社	統合レポート 2015	
129	東洋建設株式会社	CORPORATE REPORT 2015	
130	東洋電機製造株式会社	東洋電機製造レポート 2015	
131	東レ株式会社	アニュアルレポート 2015	
132	凸版印刷株式会社	アニュアルレポート 2015	
133	トッパン・フォームズ株式会社	統合報告書 2015	
134	戸田建設株式会社	コーポレートレポート 2015	
135	トピー工業株式会社	TOPY Report 2015	

No.	企業名	統合報告書の名称	
136	株式会社豊田合成	豊田合成レポート 2015	
137	豊田自動織機株式会社	豊田自動織機レポート 2015	
138	豊田通商株式会社	統合レポート 2015	
139	トヨタ紡織株式会社	トヨタ紡織レポート 2015	
140	長瀬産業株式会社	アニュアルレポート 2015	
141	ナブテスコ株式会社	インテグレイテッドレポート 2014	＊
142	株式会社ニコン	ニコンレポート 2015	
143	ニチコン株式会社	統合報告書 2015	
144	日揮株式会社	JGC レポート 2015	
145	日清食品ホールディングス株式会社	NISSIN REPORT（2015.4.1-9.30）	
146	日清紡ホールディングス株式会社	アニュアルレポート 2015	
147	日東電工株式会社	Nitto グループレポート 2015	＊
148	日本航空株式会社	JAL REPORT 2015	
149	日本写真印刷株式会社	Nissha Report 2015	
150	日本信号株式会社	Annual Report 2014	
151	日本新薬株式会社	日本新薬レポート 2015	
152	株式会社日本政策投資銀行	CSR・ディスクロージャー誌 2015 年度版	
153	日本ゼオン株式会社	コーポレートレポート 2015	
154	日本たばこ産業株式会社	アニュアルレポート 2015 年度	
155	日本電気株式会社	アニュアルレポート 2015	
156	日本電信電話株式会社	アニュアルレポート 2015	
157	株式会社日本取引所グループ	JPX レポート 2015	
158	日本発條株式会社	ニッパツレポート 2015	
159	日本郵船株式会社	NYK レポート 2015	
160	日本ユニシス株式会社	日本ユニシスグループ統合報告書 2015	
161	株式会社乃村工藝社	アニュアルレポート 2015	
162	株式会社野村総合研究所	統合レポート 2015	＊
163	野村不動産ホールディングス株式会社	統合レポート 2015	＊
164	野村ホールディングス株式会社	Nomura レポート 2015	＊
165	株式会社ノーリツ	NORITZ REPORT 2015	
166	パナソニック株式会社	アニュアルレポート 2015	
167	株式会社パルコ	アニュアルレポート 2015	＊
168	阪急阪神ホールディングス株式会社	アニュアルレポート 2015	
169	日立化成株式会社	アニュアルレポート 2015	＊
170	日立キャピタル株式会社	日立キャピタルレポート 2015	

付属資料 2

No.	企業名	統合報告書の名称	
171	日立建機株式会社	CSR & Financial Report 2015	
172	株式会社日立ハイテクノロジーズ	統合報告書 2015	
173	日立マクセル株式会社	アニュアルレビュー 2014	
174	ヒューリック株式会社	CSR レポート 2015	
175	株式会社ファミリーマート	アニュアルレポート 2015	
176	株式会社ファンケル	ファンケルレポート 2015	
177	フィールズ株式会社	アニュアルレポート 2015	
178	株式会社フジクラ	CSR 統合報告書 2015	
179	富士重工業株式会社	アニュアルレポート 2015	
180	富士通株式会社	富士通グループ統合レポート 2015	
181	富士電機株式会社	富士電機レポート 2015	
182	富士フイルムホールディングス株式会社	アニュアルレポート 2015	
183	ブラザー工業株式会社	アニュアルレポート 2014	
184	古河電気工業株式会社	サステナビリティレポート 2015	
185	フロント産業株式会社	FREUND Report 2015	＊
186	北越紀州製紙グループ	コーポレートレポート 2015 年版	
187	ポーラ・オルビスホールディングス株式会社	コーポレートレポート 2014	＊
188	株式会社堀場製作所	HORIBA Report 2014	
189	マツダ株式会社	アニュアルレポート 2015	
190	株式会社丸井グループ	共創経営レポート（統合レポート）2015	
191	丸紅株式会社	アニュアルレポート 2015	
192	株式会社みずほフィナンシャルグループ	統合報告書 2015	＊
193	三井化学株式会社	ANNUAL REPORT 2015	
194	三井住友建設株式会社	コーポレートレポート 2015	
195	三井造船株式会社	コーポレートレポート 2015	
196	三井物産株式会社	アニュアルレポート 2015	＊
197	三井不動産株式会社	アニュアルレポート 2015	＊
198	株式会社三菱ケミカルホールディングス	KAITEKI レポート 2014	
199	三菱重工業株式会社	MHI REPORT 2015 三菱重工グループ統合レポート	
200	三菱商事株式会社	統合報告書 2015	
201	三菱製紙株式会社	コーポレートレポート 2015	
202	株式会社三菱総合研究所	三菱総研グループレポート	
203	株式会社三菱UFJフィナンシャル・グループ	MUFG レポート 2015（統合報告書）	
204	三菱 UFJ リース株式会社	Corporate Report 2015	＊

No.	企業名	統合報告書の名称	
205	株式会社村田製作所	Murata Report 2015	
206	明治ホールディングス株式会社	アニュアルレポート 2015	
207	明治安田生命保険相互会社	明治安田生命の現況 2015［統合報告書］	
208	株式会社明電舎	明電舎レポート 2015	
209	株式会社安川電機	YASUKAWA レポート 2015	
210	ヤマハ発動機株式会社	アニュアルレポート 2015	
211	株式会社ユナイテッドアローズ	ANNUAL REPORT 2015	
212	ユニ・チャーム株式会社	統合レポート 2015	
213	ヤマトホールディングス株式会社	アニュアルレポート 2015	
214	横河電機株式会社	YOKOGAWA レポート 2015	
215	株式会社吉野家ホールディングス	CORPORATE REPORT 2015	
216	ライオン株式会社	アニュアルレポート 2015	
217	株式会社 LIXIL グループ	ANNUAL REPORT 2014	
218	株式会社リコー	リコーグループサステナビリティレポート 2015	＊
219	株式会社りそなホールディングス	ANNUAL REPORT 2015	
220	リンテック株式会社	LINTEC Annual Report 2015	
221	株式会社レオパレス 21	アニュアルレポート 2015	
222	株式会社ローソン	INTEGRATED REPORT 2015 ローソン統合報告書	＊
223	ローム株式会社	ROHM Group Innovation Report 2015	
224	株式会社ワコールホールディングス	統合レポート 2015	＊

出典：企業名は宝印刷・総合ディスクロージャー&IR 研究所（2016）に基づく。統合報告書の名称は各社 Web サイト閲覧を通じた筆者調査による（閲覧期間：2016 年 3月 15 日から 3 月 28 日まで）。欄外の＊は国際統合報告フレームワークの基本概念（価値創造、資本、価値創造プロセス）に準拠している統合報告書である（33 社／224 社）。

索　引

［あ行］

AccountAbility　148
アウトサイドイン・アプローチ　14, 39,
　40, 41, 112
アメーバ経営　25, 127, 129
ESG　155
　──コミュニケーション・フォーラム
　89
イギリス会計基準委員会　110
インサイドアウト・アプローチ　14, 39,
　40, 41, 111
インタンジブルズ　1, 17, 18, 26, 27, 28
　──の戦略的マネジメント　28, 31
エーザイ㈱　91, 132, 151, 152
エンゲージメント・アジェンダ　157
エンタプライズ・バリュー　4
オクトパス・モデル　75, 87
オフバランスの無形資産　7

［か行］

加算法　110
学習と成長の視点　1, 47, 53
革新・開発焦点　56
価値創造ストーリー　71
価値創造プロセス　51, 57, 61, 66, 70, 75
株主価値　4
川崎重工業㈱　131
関係的資本　59
企業価値　4
業績測定問題　49
経済産業省　36, 70
コーポレート・レピュテーション　5
控除法　110

構造的資本　59
顧客焦点　56
顧客の視点　47, 51
国際会計基準（IAS）第38号　35
国際統合報告評議会（IIRC）　14, 72
国際統合報告フレームワーク　72, 73, 74
　──の基本概念　14, 37, 84, 86

［さ行］

財務資本　74, 86
財務焦点　56
財務の視点　47, 51
CSV　154
ジェンキンズ報告書　10
GRIガイドライン　94, 125, 130, 139, 141
時間あたり採算制度　128
㈱資生堂　91
自然資本　74, 86
持続可能性報告書　111
実施項目　69
社会価値　4
社会・関係資本　74, 86
循環型のマネジメント・システム　32
純付加価値　110
昭和電機㈱　91
情報開示　6, 13, 39, 41, 42, 141, 142, 143
情報資産　1, 24, 53
情報利用　13, 42, 43, 137, 144, 145, 148,
　149, 162
人的資産　1, 24, 53
人的資本　59, 74, 86
人的焦点　56
スカンディア社　11, 54, 55
スカンディア・ナビゲーター　11, 19, 54,

207

55, 56, 57

ステークホルダー・エンゲージメント　14

140, 145, 146, 148, 149, 150, 159, 160,

162

ステークホルダー資本主義　124

ステークホルダー理論　118

生産性分析　125, 126

製造資本　74, 86

製造原価明細書　127

潜在能力　64

戦略策定アプローチ　8

戦略実行アプローチ　8

戦略実行のマネジメント　32

戦略目標アプローチ　8

戦略マップ　8, 29, 50, 51, 103

組織価値　4

組織資産　1, 24, 53

粗付加価値　110

［た行］

大東建託㈱　91

宝印刷㈱　89, 105, 133

知的財産　7

知的資産　2

──経営の開示ガイドライン　11, 36,

70

知的資本　74, 86

──報告書　6, 34, 35

──報告書ガイドライン　11, 34, 35

ツイン・アプローチ　142

伝統的プロダクト型会計理論　6

デンマーク知的資本報告書ガイドライン

34, 66, 67, 70

統合思考　73

統合報告　2, 12, 88, 103, 104

──書　1, 89, 90, 91, 92, 93, 151, 152

［な行］

内部ビジネス・プロセスの視点　47, 52,

53

ナレッジ型会計理論　6

ナレッジ・ナラティブ（知識の物語）　68,

69

ナレッジマネジメント　66, 67

日本会計研究学会・付加価値会計特別委員

会　134

㈱野村総合研究所　85, 91, 97, 98

野村不動産ホールディングス㈱　90

［は行］

パフォーマンス・ドライバー　14, 28

バリュー・ドライバー　5, 26

バランスト・スコアカード　1, 9, 31, 46,

47, 48, 152, 153, 164, 165

日立化成㈱　91

評価指標　69

付加価値　99, 108, 110

──会計情報　107, 109, 115, 119, 122,

123, 124, 125, 134

──管理会計　128

──計算書　110, 111, 112

PRISM プロジェクト　11, 63, 64, 65, 66

プロセス焦点　56

ポーラ・オルビスホールディングス㈱　91

［ま行］

マネジメントの課題（マネジメント・チャ

レンジ）　69

三菱重工業㈱　85, 91, 92, 93, 94, 100,

102, 105

無形コンピタンス　64

無形財　64

無形資産　2

208

索　引

無形の資産　7
MERITUM ガイドライン　58, 59, 60, 61

［ら行］

㈱ローソン　85, 91, 95, 96, 97

あとがき

　本書は、2016年度に専修大学に提出した博士論文を刊行したものです。本書の出版にあたっては、「専修大学課程博士論文刊行助成」を受けることができました。このような機会を与えていただき、誠にありがとうございました。

　家内から言われたことですが、結婚して間もない頃の私は、定年退職したら大学院に行って勉強すると話していたそうです。本当にそんなことを言ったのか全く記憶にありませんが、博士論文を書き終えた今、若い頃からの夢を実現することができたと言えなくもありません。

　これもひとえに、伊藤和憲先生のおかげです。伊藤先生との出会いがなければ専修大学に入学することはありませんでしたし、多くの先生方とお近づきになることもなかったと思います。伊藤先生には、研究の進め方、論文の書き方、プレゼンテーションの仕方や資料の作り方など、研究者として必要なことを懇切丁寧に教えていただきました。また、博士論文のアイデアもご教示いただきました。心から感謝申し上げる次第です。

　伊藤先生主宰の管理会計研究会で、櫻井通晴先生から直接ご指導を賜わることができたのも望外の喜びでした。櫻井先生は、学会報告に必ずお越しくださり、身が引き締まるとともに、とても心強い思いをいたしました。

　建部宏明先生には、論文の副指導として貴重なアドバイスを頂戴いたしました。また、博士後期課程の1年次には、建部先生のご指導のおかげで、はじめての学会報告と学会誌への投稿を行うことができました。副査の谷守正行先生、商学研究科の先生方、事務課の皆様にもたいへんお世話になりました。

　玉川研究会では、毎回、小酒井正和先生をはじめ多くの先生方から論文や学会報告について適切なご指摘をいただきました。﨑章浩先生主宰の管理会計普及研究会にも出席させていただき、研究のいろいろなヒントを頂戴しました。また、エーザイ㈱、㈱野村総合研究所、三菱重工業㈱、㈱ローソンの皆様には、インタビュー調査に快く応じていただきました。

　また、専修大学出版局の相川美紀さんには大変お世話になりました。

最後になりましたが、同級生の梅田宙さんには、論文原稿を詳細にチェックしていただきました。また、5年間いつも一緒に、授業や学会、研究会に出席することができて本当によかったと思っています。

　皆様に心からお礼申し上げます。ありがとうございました。

西原利昭

西原 利昭（にしはら・としあき）

博士（商学）専修大学
1951年　横浜市生まれ。
1975年　東京都立大学（現：首都大学東京）人文学部心理学科卒業。
　　　　（財）日本生産性本部に入り，社会経済国民会議事務局に出向。年金・医療問題，
　　　　情報化政策などの調査研究に従事。その後，同本部総務課長，生産性研究所部長，
　　　　総合企画部部長，余暇創研・観光地域経営フォーラム担当部長を歴任。
2011年　（公財）日本生産性本部定年退職。
2012年　専修大学大学院商学研究科修士課程入学（会計学専攻）。
2017年　専修大学大学院商学研究科博士課程修了，学位取得。
現　在　専修大学経営学部，東海大学政治経済学部非常勤講師。

（主要論文）

「インタンジブルズに基づく企業の価値創造－BSC，知的資本報告書，統合報告の論点比較－」
　　『原価計算研究』2015，Vol. 39，No. 1，pp. 32-42。
「インタンジブルズの可視化に向けた統合報告の役立ち－日本企業の統合報告書をもとに－」
　　『日本知的資産経営学会誌』第2号，2016，pp. 97-109。

統合報告におけるインタンジブルズの情報開示と情報利用

2018年2月23日　第1版第1刷

著　者　西原　利昭
発行者　笹原　五郎
発行所　専修大学出版局
　　　　〒101-0051　東京都千代田区神田神保町3-10-3
　　　　　　　　　　　　　（株）専大センチュリー内
　　　　電話 03-3263-4230（代）

印　刷　亜細亜印刷株式会社
製　本

© Toshiaki Nishihara 2018　Printed in Japan
ISBN 978-4-88125-322-9